O INÍCIO DA VIDA EM UM CENTRO DE TERAPIA INTENSIVA NEONATAL

Blucher

O INÍCIO DA VIDA EM UM CENTRO DE TERAPIA INTENSIVA NEONATAL

Atuação multiprofissional

Organizadoras

Ana Lucia Henriques Gomes

Isabella Castello Berchielli Nunes

O início da vida em um centro de terapia intensiva neonatal: atuação multiprofissional

Publisher Edgard Blücher
Editor Eduardo Blücher
Coordenação editorial Rafael Fulanetti
Coordenação de produção Ana Cristina Garcia
Produção editorial Walys Oliveira e Andressa Lira
Preparação de texto Cristiana Gonzaga Souto Corrêa
Diagramação Lira Editorial
Revisão de texto Mariana Góis
Capa Laércio Flenic
Ilustração da capa Márcia Cristina da Silva – técnica de colagem e desenho

Blucher

Rua Pedroso Alvarenga, 1245, 4º andar
04531-934 – São Paulo – SP – Brasil
Tel.: 55 11 3078-5366
contato@blucher.com.br
www.blucher.com.br

Segundo o Novo Acordo Ortográfico, conforme 6. ed. do *Vocabulário Ortográfico da Língua Portuguesa*, Academia Brasileira de Letras, julho de 2021.

Dados Internacionais de Catalogação na Publicação (CIP)
Heytor Diniz Teixeira, CRB-8/10570

O início da vida em um centro de terapia intensiva neonatal : atuação multiprofissional / organizado por Ana Lucia Henriques Gomes, Isabella Castello Berchielli Nunes. – São Paulo : Blucher, 2025.

224 p.

Bibliografia
ISBN 978-85-212-2564-5 (impresso)
ISBN 978-85-212-2563-8 (eletrônico – epub)
ISBN 978-85-212-2562-1 (eletrônico – pdf)

1. Psicanálise. 2. Psicanálise de pais e bebês. 3. Psicanálise neonatal. 4. Psicanálise infantil. 5. Psicanálise da família. 6. Análise do bebê. 7. Análise da criança. 8. Enfermagem neonatal. 9. Cuidados intensivos neonatais. 10. Família do recém-nascido 11. Pais e família. 12. Bebês. I. Gomes, Ana Lucia Henriques. II. Nunes, Isabella Castello Berchielli. III. Título.

CDU 159.964.2

Índice para catálogo sistemático:
1. Psicanálise CDU 159.964.2

*Nascemos imersos num campo de linguagem.
Um universo de símbolos que grudam em cada poro de
nosso organismo e o arrancam do domínio do biológico.
O que seria natural, instintivo, monótono, previsível é
moldado e modificado por aqueles que cuidam de nós.*

Paulo Schiller

*Dedicamos este livro à equipe multiprofissional do CTIN por
sua preocupação, carinho e atenção no trabalho árduo realizado
com os bebês e seus familiares. A cumplicidade que criam
com os bebês e seus cuidadores é extremamente preciosa.*

Agradecimentos

Agradecemos aos bebês e seus familiares que, logo no início da vida, precisam tanto dos olhares e das falas dos que os rodeiam para que se constituam enquanto sujeitos. E, principalmente, por nos permitirem atendê-los e construir esse trabalho.

Sobre as autoras

Ana Lucia Henriques Gomes (organizadora)
Psicóloga e Psicanalista com Mestrado e Doutorado pelo Instituto de Psicologia da Universidade de São Paulo (IP-USP).

Ariela Oliveira Albuquerque Domingues
Enfermeira Especialista em Neonatologia pelo Hospital das Clínicas da Faculdade de Medicina da Universidade de São Paulo (HCFMUSP) e Mestrado pelo Departamento de Pediatria da FMUSP. Enfermeira em Centro de Terapia Intensiva Neonatal (CTIN).

Camila de Gouvêa
Fonoaudióloga graduada pela Universidade Estadual de Campinas (Unicamp). Especialista em Fonoaudiologia em Pediatria e Neonatal pelo Instituto da Criança e do Adolescente do Hospital das Clínicas da Faculdade de Medicina da Universidade de São Paulo (ICr-HCFMUSP). Atua na área de Disfagia Neonatal e Pediátrica e Consultoria em Aleitamento Materno.

Clarice Suzuki Ursini
Psicóloga graduada pela Pontifícia Universidade Católica de São Paulo (PUC-SP) e Especialista em Psicologia Clínica em Hospital Pediátrico pelo Instituto da Criança e do Adolescente do Hospital das Clínicas da Faculdade de Medicina da Universidade de São Paulo (ICr-HCFMUSP).

Gabriela de Souza Cia
Assistente Social Especialista em Políticas de Saúde e Reabilitação pela Faculdade de Ciências Médicas da Universidade Estadual de Campinas (Unicamp) e Especialista em Serviço Social na Neonatologia pelo Instituto da Criança e do Adolescente do Hospital das Clínicas da Faculdade de Medicina da Universidade de São Paulo (ICr-HCFMUSP). Atua como Assistente Social em Centro de Terapia Intensiva Neonatal (CTIN).

Giovanna Singh Gasperini

Terapeuta Ocupacional pela Faculdade de Medicina de Ribeirão Preto da Universidade de São Paulo (FMRP-USP). Especialista em Pediatria pelo Programa de Residência Multiprofissional do Instituto da Criança e do Adolescente do Hospital das Clínicas da Faculdade de Medicina da Universidade de São Paulo (ICr-HCFMUSP) e em Terapia de Mão e do Membro Superior pela FMUSP. Terapeuta Ocupacional e Preceptora na Área de Terapia Intensiva Neonatal. Mestranda no Programa de Mestrado Profissional de Terapia Ocupacional e processos de inclusão social da Faculdade de Medicina da Universidade de São Paulo (FMUSP).

Isabella Castello Berchielli Nunes (organizadora)

Bacharel em Psicologia pela Pontifícia Universidade Católica de São Paulo (PUC-SP). Especialista em Psicologia Clínica em Hospital Pediátrico pelo Programa de Especialização do Hospital das Clínicas da Faculdade de Medicina da Universidade de São Paulo (HCFMUSP). Psicóloga em Centro de Terapia Intensiva Neonatal (CTIN).

Letícia Belluomini

Fisioterapeuta Especialista em Terapia Intensiva Neonatal e Pediátrica. Atua em Centro de Terapia Intensiva Neonatal (CTIN).

Letícia Guersoni Silveira Alves

Aprimoranda em Nutrição Hospitalar pelo Hospital Universitário da Universidade São Paulo (HU/USP). Especialista em Saúde da Criança e do Adolescente pela Universidade Federal de São Paulo (Unifesp). Nutricionista Clínica e do Banco de Leite em Centro de Terapia Intensiva Neonatal (CTIN).

Conteúdo

Apresentação

O encontro com recém-nascidos quase sempre se dá num contexto em que o potencial humano de emoções se revela em seu mais alto grau.

Myriam Szejer

A proposta deste livro surge a partir da experiência da clínica psicanalítica implicada com os entraves que acontecem durante a internação do bebê no Centro de Terapia Intensiva Neonatal (CTIN) de um hospital de alta complexidade em São Paulo (SP). Neste trabalho diário com os bebês e suas famílias, há constantes articulações com os diferentes integrantes da equipe de saúde do setor, com vista a construir um fazer cada vez mais interdisciplinar. Dessa forma, o livro tem o objetivo de oferecer maior visibilidade à clínica com bebês e suas famílias exercida pelas profissionais que compõem a equipe de saúde do setor.

Ao entrar no CTIN, é impactante o encontro com bebês internados em condições graves diversas: prematuridade extrema, malformações graves, síndromes raras, situações de fim de vida. São bebês entubados, invadidos por dispositivos, em incubadoras e berços aquecidos. Nesse primeiro momento em que está em jogo a vida e a morte, todos os olhares técnicos se voltam para o bebê, na tentativa de entender as suas especificidades clínicas e intervir o mais prontamente possível para que ele sobreviva.

Esse ambiente pode ser assustador para as famílias que, diante de um bebê gravemente adoecido, muitas vezes perdem as palavras e encontram dificuldades em entender como ocupar o seu lugar na vida dele. O nascimento de um filho traz consigo medos e expectativas. O confronto com o bebê coloca a família diante de novas configurações que exigirão outras organizações: da rotina e da vida subjetiva. Neste contexto, é importante que a equipe de saúde seja cuidadosa e assertiva em relação a aproximações e contatos.

Um dos pontos que chama especial atenção é o isolamento ao qual os recém-nascidos ficam submetidos logo no início da vida, separados de sua família, colocados em uma incubadora, sendo manipulados por diferentes profissionais e recebendo poucos contatos significativos do ponto de vista afetivo. Nesse sentido, as primeiras intervenções as quais precisamos nos atentar enquanto equipe de saúde visam achar caminhos que possibilitem o encontro do bebê com seu entorno afetivo: a família, seus cuidadores principais, aquelas figuras dispostas a enriquecer o ambiente com um cuidado significativo e com palavras. O que se passa é que esse ser que está iniciando sua vida precisa receber olhares e falas que possam significar sua importância e o lugar que ocupa no mundo. Surge, então, uma questão importante: como fazer para que, além das muitas intervenções técnicas, seja possível oferecer olhares afetivos e significações do seu entorno que, nesse primeiro momento, se coloca como caótico e assustador?

Nos primeiros momentos será importante estar atento aos vínculos que estão ou não se estabelecendo. Diante de todo o aparato tecnológico necessário para que o bebê seja mantido vivo, pode ser que o olhar dos pais se desvie do filho, causando um desencontro inicial. O investimento de amor entre eles se torna desafiador e o recém-nascido acaba tendo uma possível escassez de subsídios subjetivos para se constituir. É importante enfatizar que esses bebês precisam tanto de cuidados especializados como de cuidadores vinculados que possam responder aos seus apelos de contato e, nesse sentido, as intervenções dos profissionais terão repercussões significativas na forma como os pais vão se aproximar e estabelecer as primeiras relações com o bebê.

Entendemos que uma das urgências, nesse início da vida, é tornar o ambiente acolhedor para os bebês e suas famílias, para que os cuidadores principais possam construir aproximações. Como criar um caminho de cuidado interdisciplinar capaz de oferecer possibilidades para que as famílias encontrem seu lugar junto a seus filhos e para que os bebês possam ter um ambiente de acolhimento?

Neste Centro de Terapia Intensiva Neonatal (CTIN), inicialmente o cuidado com os bebês e suas famílias era fragmentado e os profissionais pouco se falavam a respeito dos encaminhamentos e condutas relacionadas aos casos. O que foi possível perceber ao longo do tempo é que a partir de intervenções com referencial psicanalítico junto à equipe de saúde, discussões interdisciplinares passaram a se tornar mais frequentes e mais robustas, possibilitando que situações e impasses enfrentados no dia a dia pudessem ser discutidos conjuntamente com os diferentes profissionais.

Atualmente, no setor ocorrem momentos de encontro e discussões regulares entre os diferentes profissionais especialistas do CTIN. Um deles é o Huddle[1], reunião diária de curta duração realizada no início do dia entre os profissionais com o objetivo de compartilhar informações importantes relacionadas ao dia de trabalho para gerenciar problemas pontuais relacionados ao setor e aos pacientes. O Huddle acontece em até 20 minutos e oferece espaço para profissionais de cada área compartilharem informações pontuais que sejam pertinentes ao restante da equipe. Outro momento importante é a reunião de equipe multiprofissional semanal, em que pelo menos um membro de cada especialidade está presente. A reunião dura aproximadamente 1h30, e coloca-se em discussão os casos de todos os bebês internados. É um encontro com mais tempo para que a equipe pense coletivamente nos impasses visando à construção de estratégias e caminhos de forma interdisciplinar. Outro espaço de encontro e trocas que inclui os

1 Ao longo dos capítulos do livro, este nome recebe pequenas variações.

familiares é o grupo de pais, uma reunião semanal aberta em que os pais são convidados a participar. Os familiares comparecem de acordo com o seu desejo e contam com a participação de um membro de cada especialidade da equipe multiprofissional. Nesses encontros, pretende-se possibilitar que as famílias criem uma rede de apoio entre elas e com a equipe de saúde, contribuindo para o enfrentamento das dificuldades que o cotidiano da internação coloca.

Diante de todos os avanços relacionados a possibilidades de lidar com os impasses e a disponibilidade de discutir as situações no cotidiano do trabalho, pode-se afirmar que essa equipe tem uma postura favorável à interdisciplinaridade, mas ainda precisa construir espaços que integrem teoria e prática, objetivando a superação da formação ainda fragmentada e disciplinar que muitas vezes apresenta nas suas atitudes e discussões.

No que se refere a este livro, a intenção é compartilhar sobre o cotidiano de trabalho em um Centro Neonatal sobre o cuidado realizado por uma equipe multiprofissional que se coloca de forma envolvida em relação aos bebês e suas famílias. Depois de um longo percurso de atendimento nesse setor, percebemos a importância de comunicar a respeito de um trabalho que é realizado e compartilhado por profissionais de diversas áreas que cuidam do bebê de forma técnica e especializada sem ignorar a importância da perspectiva de promover encontros afetivos, vinculações e acolhimento aos bebês e seus familiares. Nesse dia a dia de trabalho, entendemos a importância de discutir, compreender e ampliar esse fazer constantemente, sempre no caminho de tornar esse ambiente melhor e mais acolhedor para as famílias, seus bebês e para a própria equipe.

Na primeira parte do livro, *Psicanálise em neonatologia: intervenções com o bebê, os pais e a equipe de saúde*, apresentaremos o trabalho cotidiano com o bebê, suas famílias e a equipe realizado a partir de um referencial psicanalítico. Nosso foco será o bebê, enfatizando a importância de recuperar as palavras dirigidas a ele que muitas vezes ficam inibidas diante do quadro grave e de uma internação no início da vida. Sustentar o bebê é tratá-lo como um ser de linguagem, que ocupa o lugar de alguém que precisa ser escutado e significado como um sujeito, mesmo que ainda não consiga falar a respeito de suas dores e vontades. Nas intervenções com a família, oferecemos escuta e suporte para que possam lidar com seus medos, dúvidas e inseguranças, respeitando seu tempo, sua história e suas (im)possibilidades de aproximação e o contato com o seu bebê. O trabalho com a equipe se desenvolve por meio de diferentes intervenções e uma delas é lembrar sobre a importância de oferecer sustentação e acolhimento tanto para o bebê quanto para sua família. As intervenções sob a perspectiva da psicanálise acontecem no cotidiano dos cuidados.

Na segunda parte, *As intervenções da equipe multiprofissional na UTI neonatal*, estão os textos das profissionais que compartilham sobre suas intervenções técnicas com os bebês, dando lugar à família na rotina de cuidado, bem como as ações que favorecem o encontro da família com seu filho, lidando com os impasses que encontram nesse cotidiano. São textos que compartilham mais sobre o trabalho das profissionais de enfermagem, nutrição, terapia ocupacional, fonoaudiologia, fisioterapia e serviço social.

É neste primeiro berço que o recém-nascido passará alguns dias, semanas ou meses de sua vida, restrito a um contato mais íntimo com a família. Nesse trabalho, buscamos percorrer um caminho, sempre na tentativa de entender e acolher melhor as famílias e seus filhos, proporcionando condições para que o bebê possa aproveitar o seu entorno e desfrutar do contato com todos que o rodeiam. Nesse sentido, esperamos poder contribuir com a reflexão e as possibilidades de intervenção, no que se refere ao cotidiano do trabalho das equipes interdisciplinares nos serviços de Neonatologia.

Prefácio

Delicadeza, sensibilidade, técnica e amplitude do olhar. Para além do reservado ambiente de um Centro de Terapia Intensiva Neonatal (CTIN), é sobre isso que trata este livro. Ao dar voz, pela palavra escrita, à equipe multiprofissional das áreas de psicologia, enfermagem, nutrição, terapia ocupacional, fonoaudiologia, fisioterapia e serviço social que assistem o recém-nascido e seus familiares, as psicólogas e psicanalistas organizadoras deste livro, Ana Lucia Henriques Gomes e Isabella Castello Berchielli Nunes, fizeram ressoar uma das perguntas com as quais convivem os profissionais do CTIN: como criar um caminho de cuidado interdisciplinar capaz de oferecer possibilidades para que as famílias encontrem seu lugar junto a seus filhos e os bebês possam ter um ambiente de acolhimento?

Mediar, aproximar, banhar em palavras de incentivo ao contato com o bebê – eis alguns dos desafios. Enquanto olhar norteador, é veemente a aposta da psicanálise em dirigir palavras ao recém-nascido como uma forma de lhe ofertar um lugar simbólico no mundo. Em *A clínica com os bebês e suas famílias na situação de internação*, a psicóloga e psicanalista Ana Lucia Henriques Gomes considera que cuidar é percorrer o caminho das próprias angústias e motivações; e no trabalho aliado às famílias, é fundamental perguntar e ouvir as percepções e receios que aportam à equipe. Mais do que isso, exercer a magia do ato de conversar, contar a vida ao recém-nascido junto com os que o desejaram. Ação tão subestimada e tão significativa. Conversar, falar com e para alguém, preserva a individualidade. Permite o entendimento de si próprio. Dá sentido à experiência, preenche o vazio de significado produzido pela hospitalização. Elabora perdas. Estimula a capacidade de interação e relacionamento. Amorosidade, um degrau de luz em cada palavra que, quando escrita, também possui todo esse valor. Conforme conta Isabella Castello Berchielli Nunes, psicóloga e psicanalista, em *Bebê, história e palavra: o diário do bebê na UTI neonatal*, o registro escrito pelos cuidadores dos recém-nascidos é testemunho e sustentação de suas histórias na tessitura do olhar de quem os conheceu. E na troca entre esses olhares, de distintos poderes, quão importante é o grupo de pais na unidade neonatal.

Medos, perdas, esperanças compartilhadas, reivindicações espelham potências e limites dos cuidadores familiares, momentaneamente destituídos de habilidades. As psicólogas coordenadoras e a equipe interdisciplinar não apenas informam sobre o que conhecem tecnicamente, mas se percebem parte das histórias relatadas pelos familiares, que enfrentam momentos angustiantes da internação dos filhos, netos, irmãos. Parte do combate pela vida e do desafio constante de promover um reencontro com o desejo, nesse contexto e tempo de sofrimento.

Nesse combate contínuo, há que se deixar de ser ferido pela dor, a fim de reconstruir-se. Em *Cuidados paliativos: intervenções com a equipe e suporte para o bebê e sua família*, faz-se presente o conhecimento, a técnica e a delicadeza necessária ao enfrentamento da "conspiração do silêncio" dentro da família ou na ação de "comunicação de más notícias". Respeitar a fé, viabilizar o encontro de despedida em acordo com os desejos da família. Colo ao bebê? Esta é uma história que se desenha conjuntamente. Colo aos pais, necessidade definitiva.

E se é preciso tempo para que os familiares se recuperem do pesar pela perda de um bebê, é também preciso tempo para que se refaçam de um nascimento prematuro e possam cuidar – no melhor cenário que se apresente. Conforme sensivelmente esclarece a especialista em psicologia clínica em hospital pediátrico Clarice Suzuki Ursini em

O enigma da ausência materna: o analista e a demanda da equipe multidisciplinar, neste contexto de saúde são acirradas as ambivalências e faltas inerentes ao cuidado parental. Sobre a equipe, aponta os desafios de permitir aos familiares as incertezas que o tempo na UTI gera e atentar a seu próprio olhar, por vezes tão normativo e excludente sobre o que seja família e quem possa ou deva cuidar. Rever discursos, reposicionar conceitos, manter vigilância sobre preconceitos – eis mais desafios.

Desafios tornados reflexões a respeito do trabalho, da vida e sobre si. A partir do experiente exercício de sua função, a enfermeira especialista em neonatologia Ariela Oliveira Albuquerque Domingues nos conduz a refletir em *A chegada dos pais na UTI neonatal: acolhimento da enfermagem* sobre a importância de perceber as famílias como aliadas nos cuidados dos recém-nascidos, acolhendo-as ainda em um "modo sobrevivente". O que requer respeito pelas histórias de pais e mães com nome e sobrenome, paciência pela maior proximidade e frequência de convívio estressante e ciência de que condutas técnicas eficientes não são escudos para a angústia vivida. "Compaixão", estar presente e escutar a dor do Outro. Não há descanso neste exigente fazer. Um olhar preventivo sobre a resiliência familiar.

E o contínuo cuidado humanizado que busca amparar e fortalecer a família implica também explicar procedimentos e criar possibilidades de cuidados. A fisioterapeuta especialista em terapia intensiva neonatal e pediátrica Letícia Belluomini, em *O compromisso da Fisioterapia com o bebê e sua família*, explicita a necessidade de tornar acessível aos pais tanto o entendimento de complexas e técnicas intervenções por meio de linguagem simples e afetiva sobre monitores, órteses, tubos, quanto a valia do toque do corpo ou da alma. Técnica, delicadeza e entendimento envolvidos na possibilidade de estimular o bebê, ao posicionar nos colos de seus pais. Por trás de cada manejo tranquilo estão a confiança e a ética comprometida com a otimização do desenvolvimento biopsicossocial do recém-nascido.

Atenuar o impacto da internação e promover a qualidade de vidas dos bebês e dos familiares aos seus cuidados é prevenir desagravos físicos, mas também afetivos e relacionais. Segundo Giovanna Singh Gasperini, terapeuta ocupacional especialista em pediatria e terapia intensiva neonatal, em *O papel da terapia ocupacional no Centro de Terapia Intensiva Neonatal: do cuidado ao bebê à intervenção familiar*, atuar junto aos pais na proteção do desenvolvimento e conforto físico dos bebês é ao mesmo tempo sustentar a potência parental. Auxiliar as famílias a trazerem cartas de seus irmãos para o bebê, a fazerem móbiles e plaquinhas de comemoração de mesversário, rolinhos e ninhos de posicionamento, telas com carimbos dos pés. Desmistificar o ambiente e ressignificar o processo de adoecimento clareia o olhar, não raro embaçado pelas telas das incubadoras.

Alimentar o bebê o mais precocemente possível com o leite de sua mãe é objetivo de toda a equipe de nutrição. Em *Os desafios do aleitamento materno em uma Unidade de Terapia Intensiva Neonatal*, a nutricionista clínica e do Banco de Leite do Centro de Terapia Intensiva Neonatal, Letícia Guersoni Silveira Alves, discrimina os enfrentamentos de produzir leite materno e manter seus fluxos até que o recém-nascido possa mamar diretamente no seio. O caderno de frequência de extração organiza o Posto de Coleta de Leite Humano e permite um auxílio da busca ativa das mães com dificuldades com o ambiente e a internação, acesso ao hospital ou ainda de entendimento do funcionamento das regras de internação do bebê.

Humanizar é buscar ativamente minimizar a desigualdade. E durante o tempo da internação, todos os familiares de pacientes do centro neonatal devem ser acolhidos. É o que nos conta a assistente social especialista em políticas de saúde e reabilitação Gabriela de Souza em *O trabalho do assistente social em um Centro Neonatal*. Por meio da escuta e do diálogo, é parte do trabalho da equipe verificar e atender as demandas de transporte, cesta básica, fórmula infantil, vale-alimentação etc. Assim como orientar sobre horários de boletins médicos, direitos trabalhistas, certidão de nascimento e articular com casas de apoio. Olhar o futuro no presente e intervir em um contínuo de desigualdades.

A equipe de fonoaudiologia atua conectando pontos, diz a especialista em fonoaudiologia pediátrica e neonatal e consultora em aleitamento materno Camila de Gouvêa em *Atuação fonoaudiológica em Unidade Neonatal: abordagem materno-infantil*. Unem os dados clínicos da equipe médica, as questões psicológicas e sociais e os achados motores realizados pelas equipes de fonoaudiologia e fisioterapia. Ao criar possibilidades para que a alimentação e o desenvolvimento global do recém-nascido ocorram de forma segura, trilham um caminho compartilhado, com os familiares, estes cientes de suas limitações e possibilidades. Validam as inevitáveis emoções por eles compartilhadas, como tristeza, pesar, raiva e culpa. Alimentam, sem julgamentos, suas potencialidades.

Como tecelãs altamente habilitadas, essas profissionais comprometidas com suas atuações cotidianas relevam a importância de escutar as vozes, os movimentos e os silêncios dos bebês, das famílias e dos cuidadores que circunscrevem o início e, por vezes, o termo da vida de um recém-nascido. Tarefa complexa a qual se propõem. Lidam constantemente com portas entreabertas, possibilidades de vida e de morte. Tecem uma teia de suporte tão elaborada e delicada porque burilam o seu olhar pelo que ouvem e refletem. Ter a oportunidade de escutá-las é um privilégio. A vocês, todo meu respeito e admiração.

Maria Thereza de Alencar Lima
Psicóloga e professora doutora do departamento
de Psicologia do Desenvolvimento Humano da
Pontifícia Universidade Católica de São Paulo (PUC-SP)

PRIMEIRA PARTE

A psicanálise em neonatologia: intervenções com o bebê, os pais e a equipe de saúde

1. A clínica com os bebês e suas famílias na internação

Ana Lucia H. Gomes[1]

Antes de uma criança falar, podemos imaginar tudo.
É isso que torna as crianças tão fáceis de amar.
Diante da doença, as mães perdem a imaginação.
É preciso então trabalhar com estas mulheres em sofrimento
dando-lhes tempo para que descubram seus bebês.
Catherine Mathelin

Onde tudo começou

Esta história começou lá atrás, quando eu era menina, ou mesmo antes de nascer. Minha mãe contava que, desde o nascimento, meu irmão mais velho ficava doente com frequência, o que a deixava com muito medo de perdê-lo. Em um desses episódios, começou a pensar sobre a possibilidade de ter outro filho. Não passou muito tempo e ela engravidou de mim. Nasci bem, sempre fui uma criança ativa e quase não ficava doente.

---

1 GOMES, A. L. H. *Uma psicóloga no país das dores: as vivências e conflitos da mãe e da equipe de saúde, durante a internação do bebê pré-termo extremo*. São Paulo, 2009. 162 p. Tese (Doutorado – Programa de Pós-Graduação em Psicologia. Área de Concentração: Psicologia Clínica) – Instituto de Psicologia da Universidade de São Paulo. Baseado em minha tese de doutorado. Texto retirado de minha tese.

Não vou me deter analisando essa situação, mas é fato que vim para consolar minha mãe de uma possível perda que não aconteceu. Meu irmão tinha doenças comuns à infância, mas assustavam muito uma mãe de primeira viagem que havia perdido a sua mãe recentemente e que ainda guardava uma dor relacionada a essa perda, situação que não foi devidamente cuidada e acabava interferindo na relação com seu primeiro filho. Parece que a missão de consolar a mãe e ajudá-la a enfrentar o luto foi colocada para mim desde muito cedo. Essa foi uma situação que poderia ter confrontado ou escapado, mas o que aconteceu é que assumi esse compromisso, inicialmente de forma totalmente inconsciente, uma vez que este foi o lugar reservado para mim dentro dessa família.

Outro ponto interessante que se relaciona ao meu trabalho com os bebês e suas famílias era a minha brincadeira favorita na infância – eu e minha irmã mais nova brincávamos de boneca horas seguidas; pedia para minha mãe fazer roupinhas e nos divertíamos inventando histórias.

Desde muito cedo os bebês me fascinavam; sempre procurava por eles nos ambientes em que frequentava e quando encontrava algum queria observar, carregar, ficando encantada e querendo entender suas manifestações. Dizia que quando crescesse iria ser pediatra para cuidar de bebês e crianças pequenas. Acredito que essas histórias influíram de forma importante nos meus caminhos futuros.

Quando entrei pela primeira vez no Centro de Terapia Intensiva Neonatal (CTIN) achei tudo fascinante, encantador e ao mesmo tempo assustador. Logo de início questionei como seria para o desenvolvimento desses bebês a separação em relação à mãe e à família e o fato de terem que ficar dentro de uma incubadora com vários dispositivos, sendo manuseados por diversos profissionais e tendo um contato muito restrito com o mundo ao seu redor. Outro aspecto impactante com o qual me deparei diz respeito ao envolvimento da equipe de saúde com os bebês e suas famílias e o grau de sofrimento a que ficavam expostos cotidianamente.

A clínica com os bebês e suas famílias

Quando o bebê nasce, os pais, os cuidadores e a família se dirigem a ele. A conversa com o bebê é algo que vai se construindo nas situações cotidianas à medida que as interações ocorrem à sua volta e o incluem. Os pais e os que cuidam da criança atendem as necessidades e demandas, falam, contam e nomeiam seu entorno, e isso ocorre desde antes do nascimento, tendo continuidade depois do parto. Nesse processo de constituição subjetiva os pais e/ou cuidadores estabelecem interações muito especificas com o bebê, inserindo-o na linguagem. Oliveira (2017) aponta que a voz convoca o bebê, uma vez que ele, já antes do nascimento, apresenta condições estruturais para tomá-la como algo que possui a capacidade de dizer sobre ele.

O que se passa é que diante de situações disruptivas, como a internação do recém-nascido, é comum que ocorram dificuldades nessa interação e a palavra acabe ficando suspensa, por diversos motivos: questiona-se sobre as suas possibilidades de compreensão; o bebê responde pouco aos apelos de contato; acaba por haver um retraimento diante da situação de fragilidade colocada; e os sonhos e planos que o envolvem ficam, muitas vezes, interrompidos.

Quando chega um recém-nascido grave toda a equipe médica e de enfermagem se mobiliza para recebê-lo e se empenha para encontrar a melhor forma de cuidá-lo; a perspectiva de morte é uma constante em relação a esses casos. Em seguida, todos ficam vigilantes para entender a evolução daquele recém-nascido que, se por um lado, pode ser conhecido em sua especificidade clínica, por outro é um desconhecido, pois tem uma evolução particular.

Quando, no início da vida, o bebê precisa de uma internação no CTIN, é complexo tanto para os pais quanto para os profissionais envolvidos em sua assistência, pois confronta a todos com dificuldades que envolvem vida e morte. Pais e equipe precisam investir muita energia e esforço em um bebê instável, que requer muitos cuidados, não havendo inicialmente garantias em relação ao sucesso desse investimento. O bebê vive uma situação caótica e os primeiros dias são de expectativa, pois além dos cuidados que ele necessita é preciso observar como irá reagir a tantos procedimentos.

Nesses casos, nas primeiras conversas da equipe com os pais aponta-se esse período inicial da vida como o mais crítico e se destaca a possibilidade de morte do bebê. Os cuidados técnicos irão prevalecer, havendo dificuldade de proporcionar um ambiente mais acolhedor em que seja possível contar ao bebê, seus pais e cuidadores um pouco do que está se passando.

Dentro da rotina do CTIN, principalmente no início da internação e quando o bebê está em estado grave, a comunicação acontece de forma truncada. Os questionamentos dos pais muitas vezes não são compreendidos e suas solicitações chegam a parecer inadequadas, diante das tensões vividas pela equipe. Em alguns casos, os profissionais discutem o entendimento dos pais em relação à gravidade da situação do bebê e temem pelo envolvimento deles com um bebê grave. Esta é uma das situações em que a equipe solicita atendimento psicológico.

O serviço de psicologia atende sob demanda: o pedido pode vir dos profissionais da equipe ou das próprias mulheres que procuram atendimento. No primeiro encontro, realiza-se uma avaliação para entender a demanda da família e do bebê, e a partir daí se oferece a possibilidade de acompanhamento de acordo com o desejo da família e a complexidade do caso. A frequência de atendimento é combinada com os pais ou cuidadores e é realizada dentro do setor, nos momentos em que estiverem com os bebês.

Inicialmente a observação é imprescindível, pois cada bebê irá apresentar especificidades em sua evolução e por isso sempre irá impor um desafio para toda a equipe, que precisa se envolver para conseguir perceber as particularidades que vão se apresentando ao longo do caminho. Os profissionais terão que receber não só o bebê, mas também seus pais, que chegam ao setor e se confrontam com uma situação completamente diferente de qualquer coisa que pudessem ter imaginado. Será preciso cuidar, contando a eles sobre seu filho, enfatizando não só os riscos, mas as possibilidades de vida, uma vez que a cada dia o bebê enfrentará grandes desafios para sobreviver e isso precisa ser destacado. Seria importante que a equipe de saúde fizesse uma função de sustentação não só falando a respeito do que se passa, mas também perguntando e ouvindo mais a respeito das percepções e receios que eles trazem, no sentido de favorecer o entendimento dessas famílias, permitindo a elas conseguir se aproximar e entrar em contato com o bebê.

Faria (2000) destaca o quanto, diante do nascimento de um bebê com síndrome de Down, a equipe de saúde se desorganiza, não conseguindo atender a família, propiciando melhores condições de encontro entre o bebê e seus pais. Isto também acontece diante de situações que se apresentam como ameaçadoras, quando há confronto com bebês que ao nascer apresentam uma patologia ou mesmo em relação aos bebês prematuros extremos. Estas ocorrências colocam em evidência os limites dos profissionais.

As famílias, por sua vez, logo após o nascimento se encontram diante de um bebê que tem um significado e ocupa um lugar na história dos pais, mas que se apresenta muito frágil a qualquer tipo de aproximação e contato. Os pais são separados do filho desde o início e não conseguem se colocar como fonte de vida, precisando delegar os cuidados com o bebê a outros, a uma equipe de saúde que eles ainda não conhecem. Esta é uma circunstância complexa, uma vez que o ambiente, que deveria ser controlado pelos pais, não só foge ao controle, mas também, em muitos momentos, os exclui. Eles não têm os conhecimentos e condições necessárias para atender um bebê que precisa de muitos cuidados especializados e corre risco de morte.

A equipe tem uma preocupação técnica, na qual é importante deixar claro os riscos em relação à situação e aos procedimentos. Nesses primeiros momentos acabam por esquecer que os pais precisam ter esperança para continuar acreditando nas possibilidades de seu filho. Subestima-se o quanto esse investimento é fundamental para que o bebê possa retornar de situações graves. Um aspecto importante em relação à sobrevivência desses bebês está relacionado ao lugar que é dado ou não para essa criança, e o quanto uma fala de "saber" realizada pela equipe de saúde tem grande influência sobre o imaginário da família. Os pais acabam tendo muitas conversas, antes e após o nascimento, em que são destacadas as possibilidades de morte de seu filho. Estas falas irão repercutir nas relações que estão se estabelecendo. Nesse sentido, é necessário ter muita atenção sobre o que é dito para os pais e seus bebês, e será imprescindível realizar uma intermediação que favoreça o encontro entre as partes.

Apresentam-se separações precoces, em que o bebê fica internado no hospital e os pais recebem alta para casa e, muitas vezes, têm muitas dificuldades para retornar e permanecer com seu filho. Inicialmente, fazem um grande esforço para entender e se aproximar de um bebê que se apresenta como um desconhecido e pode lhes parecer assustador.

Tanto os pais como os bebês estão submetidos a uma série de restrições em função da instabilidade do bebê, o que dificulta a relação. Diante dessa situação impactante, pode haver uma paralisação emocional dos pais, uma vez que esses recém-nascidos, em virtude de suas condições clínicas, nem sempre conseguem responder a seus apelos de contato nos momentos em que os pais estão presentes no setor. Esta questão é bastante angustiante para essas famílias e mulheres que desejam desempenhar sua função parental, mas não se sentem autorizadas, e precisam encontrar um caminho que lhes possibilite uma aproximação e um contato gradativo com a situação de internação, com as suas próprias angústias e com o bebê.

Diante dessas circunstâncias, os pais se percebem impotentes, sem conseguir realizar os cuidados, e precisam de intervenções que os auxiliem a se aproximar, tocar e falar com o seu filho.

No início da vida é impressionante como, mesmo frente a uma situação precária, em que demanda muitos recursos para ser mantido vivo, o recém-nascido faz movimentos em busca de contato humano. São os relacionamentos que tornam possível ao bebê atravessar esse período tão difícil. É preciso favorecer os pais a estarem com seu filho nos momentos em que ele procura contato; é importante colocar o bebê no colo o mais precocemente possível, para que vivenciem uma relação de proximidade e aconchego. O que se passa é que na situação de internação, quando o bebê apresenta condições precárias de sobrevivência, a família é colocada em um lugar de espectadora da situação e, inicialmente, a equipe é que tem o manejo e o conhecimento em relação aos cuidados.

Enquanto com os bebês nascidos a termo logo acontece um encontro com os pais e eles têm a possibilidade de ir conhecendo aqueles que estão a sua volta e de quem recebem cuidados, o que se passa com os recém-nascidos internados é que eles acabam sendo manuseados por diversos profissionais, tendo poucos contatos significativos com o ambiente. É necessário ressaltar que os cuidados técnicos e não afetivos dificultam a constituição psíquica do bebê. Quando o bebê está no CTIN, todos os cuidados que o envolvem são precisos, "perfeitos quanto aos gestos, mas frequentemente sem pensamento" (Druon, 1999, p. 36). A atenção em relação ao bebê não respeitará seus ritmos, instaurando uma descontinuidade tanto no tempo quanto no que se refere às pessoas que o atendem. Nesse início de vida, para que os pais possam se aproximar e tocar seu filho precisam de alguém que lhes diga como fazer.

No início da internação, quando o risco de morte para o recém-nascido é maior, a equipe de saúde é pragmática e utiliza todos os seus esforços para salvar a vida do bebê, e acabam acontecendo poucas conversas com os pais. Os profissionais têm dificuldade de avaliar o que os pais entendem da situação do bebê e o que é importante enfatizar em relação a aproximação e contato.

Dois aspectos importantes estão em jogo nesse início da vida do bebê: o técnico e o relacional. Os esforços dos profissionais estão postos nos recursos técnicos para salvar a vida de bebês que nascem com problemas; já o relacional, as dificuldades, os medos e as inseguranças dos pais acabam ficando em segundo plano.

No CTIN, todos os olhares se voltam para o bebê. Os pais e a equipe de saúde se empenham em fazer o máximo para que ele supere as dificuldades. O olhar dirigido ao bebê tem perspectivas diferentes, o que é natural, uma vez que os lugares ocupados pelos pais e pela equipe de saúde são distintos. Os profissionais ficam muito envolvidos em relação aos cuidados especializados e tentam fazer o possível para que os bebês fiquem bem e acabam fazendo poucas perguntas a respeito dos relacionamentos que estão ou não acontecendo. Prevalece uma atitude de desconfiança que se concentra muito mais nos riscos e na tentativa de afastar a perspectiva de alguma intercorrência. Isto se evidencia quando médicos e enfermeiros demoram a perceber que o bebê está melhorando e já pode ir para o colo de sua mãe. Já os pais são mais atentos às pequenas transformações, o que é essencial ser levado em consideração, como possibilidade de adequar os cuidados coerentes às novas disponibilidades do bebê. Entretanto, é frequente que tenham receios de manifestar seus desejos em relação a uma maior aproximação.

Quando os pais adentram o setor, eles recebem orientações em relação a como abrir a incubadora; os profissionais comentam sobre a importância de tocar e falar com o bebê e explicam um pouco sobre os aparelhos ligados a ele. Mas o que se passa é que a equipe quase não faz perguntas, o que muitas vezes impossibilita que os pais consigam falar a respeito de seus medos e dificuldades, no que se refere a aproximação e contato com o bebê.

Em um primeiro momento, antes de falar a respeito da importância de tocar e falar com o bebê, é preciso ouvir um pouco sobre as percepções dos pais a respeito da situação que estão vivendo e desse primeiro contato com um bebê frágil e que escapa completamente de suas expectativas. Nessa circunstância o mais imprescindível será afirmar para os pais que a presença deles é única e se destaca de qualquer outra para o seu filho. É valioso apontar a importância de abrir a incubadora e conversar com o filho, uma vez que ele reconhece a voz dos pais, que ouviu durante a gestação. Será interessante orientar que, ao abrir a incubadora, conversem com o bebê antes de tocá-lo, para que ele saiba que aquela mão é de um de seus pais, pois ao ouvir a voz o bebê terá tempo para reconhecer a voz dos pais, o cheiro da mãe. É importante comunicar que, ao ouvir a voz dos pais, o bebê se prepara para um toque completamente diferente de todos os outros. Essa orientação também abre a possibilidade de falarem com o bebê até que o possam tocar.

Essa é uma intervenção que precisa ser cuidadosa e demandará que o profissional esteja atento aos recursos que os pais apresentam (ou não) nesse primeiro momento; será importante salientar que eles ocupam um lugar de destaque, no sentido de começarem a lidar com uma posição de impotência, diante da separação e de tantas intervenções. Deve-se enfatizar o quanto é fundamental que eles possam ir se aproximando e se apropriando do bebê e de toda a situação. Agman (1999) ressalta o quanto, diante da internação do bebê, a família precisará da intervenção da equipe para que possa se aproximar e entrar em contato com ele.

As relações humanas são sempre imprescindíveis, mas isso fica muito mais flagrante quando se pensa nas possibilidades de trabalho dentro de um setor que nos coloca diante de um ser que inaugura o seu estar no mundo. Winnicott (1994) aborda a importância do ambiente que envolve o bebê, principalmente no início da vida, quando ele está em um estado de dependência absoluta e necessita de alguém que possa não só atender suas necessidades, mas acolhê-lo de forma a manter afastadas as possibilidades de interrupções do seu existir. O processo exitoso de maturação só se efetiva no lactente se houver um ambiente favorável, que tem como característica fundamental uma adaptação desse entorno.

Diante da internação do bebê, verifica-se que a função ambiente é realizada, inicialmente, pela equipe de saúde, os profissionais que o recebem e cuidam. Na primeira semana de vida do bebê, acabam tendo dificuldade em incluir os pais nos cuidados. Segundo Winnicott (1994), o bebê é totalmente dependente do ambiente que o circunda, ele só poderá sobreviver a tantas situações difíceis e intrusivas se pudermos lidar com os aspectos de descontinuidade vividos após o nascimento. O ambiente precisa ter aspectos acolhedores e significativos, que só poderão ser proporcionados por uma figura de referência que significa o entorno para o bebê. Essa figura de referência pode ser um dos pais ou um cuidador.

Nesse sentido é imprescindível que se possa acolher as famílias, entendendo um pouco da história desse bebê, para que eles consigam se aproximar de seu filho, recuperando aspectos que possibilitem um contato, em que possam falar da história e das dificuldades que estão atravessando no sentido de (re)construir planos e sonhos, trilhando assim um caminho ao longo da internação.

Szejer (1999) discute que diante da internação do bebê a mãe vê toda a sua dedicação cair no vazio, pois não se sente capaz de propiciar os cuidados necessários a sua sobrevivência. Ressalta a importância de dar subsídios para que os pais possam perceber e aproveitar os momentos de concentração do seu filho, estimulando-as a exercer sua função parental, mesmo quando ainda não sabem a que bebê se dedicar.

Segundo Mathelin (1999), face ao traumatismo do parto e a separação em relação ao bebê, será necessário oferecer possibilidades de simbolização para que os pais, principalmente a mãe, possam imaginar esse bebê. Os pais devem, ao longo da internação, encontrar um sentido que possibilite assegurar um lugar de existência para o bebê em suas vidas, dando oportunidade para que os olhares se encontrem e as trocas se estabeleçam. Nesse contexto, para que os pais comecem a se aproximar do bebê, eles precisarão lidar com algumas situações: o impacto que o parto e o bebê lhe despertam; os primeiros contatos, a intermediação da equipe, os receios em relação à perda, entre outros.

Rabelo (2004) aponta que sobre o bebê no CTIN paira ao mesmo tempo o medo da morte e a esperança de vida; entre um e outro é imprescindível estabelecer laços. É importante que a equipe possa oferecer contornos, intermediando e favorecendo os momentos de encontro dos pais com o seu filho, pois as intervenções nesse início da vida do bebê têm uma importância fundamental, uma vez que será preciso (re) constituir um espaço de comunicação na relação pais-bebê.

No que diz respeito à equipe de saúde, será necessário discutir e entender o que se passa com determinado bebê, tanto do ponto de vista clínico quanto em relação a uma diversidade de outros fatores que se apresentam. É fundamental observar as reações do bebê diante de toda a situação que está vivendo e como está se dando a sua relação com o mundo a sua volta: a família, a equipe e os procedimentos.

A equipe de saúde precisa estar atenta para não se posicionar como a "melhor mãe" para o bebê, tanto pelo tempo prolongado de internação que estes bebês demandam quanto pelos efetivos cuidados técnicos e de manejo que exigem. É necessário que a equipe possa proporcionar condições de acolhimento para o bebê e sua família, a fim de ajudá-la a (re)significar e lidar com toda a situação de internação e com o seu filho. A dimensão subjetiva terá que ser contemplada pela equipe para que o bebê possa se recuperar e desenvolver. No tempo de separação pais-bebê, a equipe precisará realizar intervenções específicas que atendam as particularidades de cada caso, tendo o importante papel de possibilitar um entendimento dos pais em relação a seu filho.

A possibilidade de os pais se aproximarem e cuidarem do bebê vai acontecer a partir de um entendimento que eles vão conquistando em relação a toda a situação na qual estão inseridos. Nesse período, muitas vezes há um contato corporal pais-bebê bastante restrito; será essencial possibilitar alguma perspectiva de encontro e comunicação. A capacidade de sustentação dos pais vai se construir a partir da sua compreensão e apropriação da situação que estão vivenciando.

O cotidiano desse trabalho confronta com a complexidade que as condições de internação do bebê oferecem. Será preciso lidar com bebês que estão atravessando situações difíceis, pais em estado de profundo sofrimento e os profissionais têm que suportar suas próprias expectativas e angústias. Dessa maneira, as discussões a respeito dos medos e incertezas em relação ao futuro do bebê são de fundamental importância para todos os envolvidos – família, bebê e equipe. Quando pais e equipe não conseguem estabelecer um diálogo, principalmente no início da vida do bebê, período em que riscos, inseguranças e medos se misturam, toda a comunicação fica prejudicada, colocando em risco o lugar de existência do bebê.

Nesse caminho, a passagem acontece pela fala. É imprescindível que haja lugar para falar a respeito do que acontece, contemplando as dores envolvidas em um fazer que muitas vezes se cumpre sem que os profissionais se permitam pensar ou conversar a respeito. Será preciso promover e escutar as falas e histórias que vão se construindo desde o momento em que essas famílias adentram o setor. Para isso, é necessário que a equipe realize um esforço contínuo, na medida que os pais trarão sua subjetividade que precisa ser contemplada de alguma forma para se inserir em um contexto de internação tão adverso em um primeiro contato.

Em uma perspectiva psicanalítica, será importante estabelecer uma interlocução entre as diversas partes envolvidas, a partir de um entendimento do bebê em relação à constituição de sua subjetividade, dos pais nos cuidados que eles podem ou não dispensar ao seu bebê e da equipe de saúde, no que se refere às suas percepções e angústias, a respeito do recém-nascido e de seus pais, nos diversos momentos da internação.

Será imprescindível despertar as possibilidades de conversa dos pais com o bebê, mas enquanto não for possível, é vital que a equipe faça essa intermediação, tendo o cuidado de contar para o bebê a respeito das manipulações necessárias e um pouco do que se passa no seu entorno. Tenho realizado intervenções com bebês, nas quais conto o que se passa no seu entorno, aspectos importantes relacionados ao enfrentamento das situações relacionadas à internação e às circunstâncias que se colocam no que se refere à aproximação e ao contato com seus pais e cuidadores.

No sentido de discutir melhor os aspectos explorados referentes ao acolhimento em relação ao bebê e suas famílias e à construção da subjetividade do bebê, apresenta-se um caso que foi atendido ao longo da internação.

Vivian, aquela que atravessou um longo caminho[2]

Conheci Mara em um grupo de pais e ela contou que sua filha tem dez dias de vida; ela não toca na bebê, refere que a enfermeira orientou a abrir a incubadora e tocá-la, mas não consegue porque tem medo e acha que ela é muito pequena. No grupo, pergunto um pouco mais sobre o seu medo e falo da importância em tocar e falar com a filha; sugiro que ela comece abrindo a incubadora e conversando um pouco; conto-lhe que ouvir a sua voz é importante, pois Vivi a ouvia falando o tempo todo durante a gestação e reconhece sua voz.

Em função da fala de Mara no grupo, procuro-a para um atendimento individual, que aconteceu com 12 dias do nascimento de Vivi.

---

2 Este é um caso que faz parte da minha tese de doutorado; os nomes são fictícios.

Antes de o bebê nascer, Mara ficou três semanas internada. Durante esse período, Mara conta que tinha medo em relação ao parto e aos primeiros contatos com o bebê. No momento do parto só conseguiu ver a filha de longe, estava dentro da incubadora e teve que fazer um esforço para conseguir enxergá-la.

Mara relata que logo no primeiro dia conseguiu levantar-se e foi ao berçário para saber mais a respeito da filha. Assim que chegou ao setor, a enfermeira disse que era preciso lavar as mãos e poderia tocar no bebê. Refere que abriu a incubadora, mas não teve coragem de tocar, e acabou ficando sem mexer em sua filha nos primeiros dez dias de vida. Descreve que todos os dias conversava com a equipe sobre a filha, mas não conseguia abrir a incubadora e tocá-la, passava todo o tempo olhando para Vivi e em algumas ocasiões lhe falava sobre o quanto ela precisava melhorar.

Quando interrogada sobre as primeiras conversas com a equipe de saúde, Mara refere que eles enfatizaram as dificuldades e os riscos. Logo após o nascimento da filha, Mara é confrontada com a possibilidade de morte e se vê diante do dilema de investir em uma relação que pode perder a qualquer momento.

Quando Mara relata as suas vivências em relação a Vivi, pode-se perceber que os primeiros dias de vida da filha foram muito assustadores para ela. Os profissionais conseguem esclarecer os aspectos técnicos que dizem respeito ao estado geral do bebê, mas parece não haver um espaço de escuta para a mãe que pudesse favorecer a sua fala relacionada às aflições em relação à possibilidade de aproximação e contato com a filha.

É importante destacar que se observa a partir das falas de Mara, inicialmente, os aspectos afetivos que envolvem as relações não são contemplados. Ela se mostra solitária e desamparada diante de um bebê desconhecido, e a equipe fala da evolução de um bebê pré-termo extremo, mas acaba dizendo pouco daquele bebê em particular, que ocupa um lugar na vida dessa mulher. Ela não menciona falas da equipe de saúde que amenizem o confronto com essa situação assustadora e a aproximem de sua filha.

Chama a atenção o quanto ela interroga pouco a respeito das condutas, e mesmo quando não entende a fala dos médicos tem dificuldade de perguntar mais a respeito. A equipe faz uma tentativa inicial de orientar a mãe em relação à importância do toque, mas não há espaço para que ela fale a respeito de seus impedimentos e medos em relação a essa aproximação.

Ao final do primeiro atendimento, quando Mara é questionada em relação às expectativas, ela fala sobre a perspectiva de que o bebê melhore e possa ir para casa, mas é possível perceber que prevalece uma desconfiança em relação à recuperação e ao desenvolvimento de Vivi. Esse receio é compartilhado por toda a equipe de saúde, que, nesses casos, sempre mantém um olhar vigilante e teme que algo se interponha nesse processo, visto como uma conquista lenta e frágil, podendo ser perturbada por diversas complicações.

Em relação a este caso, percebo que o mais urgente a ser feito se refere à possibilidade de encontrar formas de aproximação entre Mara e sua filha. Ao final desse primeiro atendimento, vou com Mara conhecer Vivi, peço para abrir a incubadora, ela me autoriza, converso um pouco com a bebê, conto um pouco a respeito de sua mãe e do processo que estão vivendo.

Ao longo da internação de Vivi, todas as vezes em que oferecia atendimento a Mara ela aceitava prontamente e se mostrava muito satisfeita com a possibilidade de conversar comigo e com a perspectiva de falarmos com Vivi sobre o que estava acontecendo. Realizo alguns atendimentos ao lado da incubadora; sempre quando chego pergunto a Mara se posso abrir a incubadora e falar com Vivi. Ela autoriza e se mostra satisfeita por eu tomar essa iniciativa, de algum modo parece precisar disso. Quando abro a incubadora, conto a Vivi um pouco de como vão as coisas, o que sei a respeito de sua situação clínica, vou colocando-a a par das situações vividas pela mãe e digo mais sobre o lugar que ela ocupa nessa história. Nesta situação, em geral, pergunto a Mara o que quer contar para Vivi e ela consegue dizer algo para sua filha. Quando conto a Vivi o que se passa, minha intenção não é só dizer a ela a respeito do que está acontecendo a sua volta e com ela, mas também tenho a expectativa de que a mãe, ao me ouvir falar com Vivi, consiga construir ou recuperar a possibilidade de conversar com a filha, significando a realidade que as rodeia.

Neste caso, soma-se à situação de prematuridade que Mara precisou enfrentar um estranhamento em relação à filha, que se relaciona à história dessa gestação. Em um dos atendimentos, quando pergunto a respeito da escolha do nome, Mara conta que significa vida e esperança, e está relacionado a toda a história da gestação, do parto e ao que estão enfrentando durante a internação. Relata que estava vivendo uma situação difícil com o marido e não tinha mais planos de ter filhos, que a gestação foi indesejada e demorou um tempo para que ela se convencesse da ideia, mas aos poucos foi aceitando e conseguindo fazer planos para a filha. Percebo que as dificuldades em relação a essa gestação são retomadas de alguma forma diante do parto prematuro e da possibilidade de morte do bebê.

No que se refere à aproximação e ao contato de Mara com sua filha, é possível perceber que a equipe de saúde ocupa um lugar de destaque nos cuidados em relação a Vivi, e a mãe acaba tendo um lugar secundário, o que não favorece a construção da relação mãe-bebê e consequentemente deixa ambas vulneráveis.

Quanto aos cuidados em relação à Vivi no CTIN, a situação de descontinuidade prevaleceu, uma vez que havia uma manipulação excessiva da equipe desvinculada de uma possibilidade de contato significativo. Nesta situação é possível apontar que as possibilidades de Vivi ter alguma experiência de continuidade estariam relacionadas ao contato com sua mãe, porém Mara ficou em segundo plano e, por suas próprias dificuldades, em parte relacionadas à história dessa gestação, acabou se mantendo afastada e receosa em relação à aproximação e ao contato com a filha.

Mara relata que todos os dias conversa com os médicos, mas o que noto é que nessas conversas ela apenas ouve o que eles têm a dizer sobre as condições de Vivi. Trabalho com ela a importância de conseguir entender mais a respeito das situações e conversar com sua filha. Um episódio ilustra claramente a falta de comunicação entre Mara e a equipe, quando Vivi precisa receber uma medicação com muitas contraindicações e é necessário que a mãe assine uma autorização.

Com um mês de vida Vivi novamente tem uma piora, uma trombose de veia cava na ponta do cateter e fica em estado grave. A mãe, que ainda se colocava de forma insegura, vê todo seu medo confirmado quando se confronta com a necessidade da filha ser novamente entubada. Realizamos um atendimento e Mara chora muito. Conta que sua filha não está nada bem, que já esperava por isso, mas não achava que ela poderia ficar em estado tão grave e revela o medo de perdê-la. Relata que a médica conversou com ela, explicou que Vivi está em condição grave e que eles estão "entre a cruz e a espada", pois vão precisar dar uma medicação para dissolver o trombo. A médica refere que a medicação tem algumas contraindicações.

Mara conta que na semana anterior, quando notou que Vivi estava melhor, achou que poderia acreditar mais na possibilidade de levá-la para casa, mas que essa piora a deixou muito perturbada. Destaca que ficou ainda pior depois da conversa com a médica. Mara parece sentir que está diante de uma situação sem saída; trabalho com ela o quanto ficou com uma perspectiva de que a filha vai morrer de um jeito ou de outro, com ou sem o remédio, depois da conversa com a médica. Trabalhamos com seu medo de perder a filha, que se agrava nesse momento.

Voltamos para o setor, continuo o atendimento ao lado da incubadora e conto um pouco da situação para Vivi. Digo a ela que irá tomar uma nova medicação para ajudar a melhorar o problema que está enfrentado e que a fez voltar a precisar do aparelho para respirar. Digo que a situação é difícil e que ela está enfrentando bravamente.

Procuro a médica para entender melhor o que está se passando. Ela me conta mais sobre a medicação, questiono conforme ouço a respeito da situação e aponto o quanto Mara ficou sem esperanças diante de tantas impossibilidades que lhe foram apresentadas. A médica se dá conta de que apresentou um panoram sem saída, e refiro a importância de a mãe ver algum tipo de perspectiva para continuar a investir em sua filha. Ao final da nossa conversa, conversamos com Mara novamente, e a médica conta que outro bebê internado recebeu a mesma medicação e está melhorando.

No caso de Mara, inicialmente a equipe não conseguiu favorecer um encontro, pois ressaltava os aspectos complicados, apontando para uma perspectiva de morte do bebê. Por que não conseguiam realçar toda a força de Vivi ao enfrentar tantas situações difíceis? Parece haver um receio de "dar falsas esperanças" e deixar a mãe acreditar que poderá levar um bebê que talvez não sobreviva. Mas como uma mãe conseguirá cuidar de um bebê que é visto como alguém que tem poucas perspectivas, diante de tantas intercorrências a que está submetido?

Nesta situação se coloca um impasse que confronta vida e morte. A equipe de saúde acaba contemplando pouco as particularidades dessa relação, e os profissionais têm dificuldade em lidar com o sofrimento de Mara e dar espaço para que conte um pouco mais do que está ou não conseguindo entender da situação vivida por ela e sua filha. Outra questão importante é o quanto Mara tem que lidar com seus medos em relação à perda da filha, que estão relacionados em parte à situação de prematuridade, mas também ao fato desta ser uma filha que, inicialmente, foi indesejada e que de alguma forma ela não queria que nascesse.

Há predomínio de um medo em relação à morte do bebê e esta é uma situação bastante preocupante, na medida em que Vivi precisa do investimento emocional de sua mãe, que diga a ela um pouco mais sobre o lugar que ela pode ocupar dentro da família. As intervenções aconteceram sempre com a perspectiva de que favorecessem aproximação e contato entre Mara e sua filha. Entendo que apenas isso poderia colocar Vivi em posição de combate diante das dificuldades que estava enfrentando.

Ao longo dos atendimentos com Mara tento entender quem são as figuras que lhe dão algum tipo de acolhimento dentro e fora do setor. Quando questiono sobre a presença do pai, Mara conta que o marido é caminhoneiro, viaja muito e participa pouco de todo o processo. Diz que ele veio em um final de semana, ficou muito impressionado e alegou que não consegue vê-la assim. Em seguida viajou e não tem previsão para voltar. Falamos sobre a dificuldade de enfrentar toda essa situação sozinha. Mara relata que tem sido complicado e o que tem amenizado é o apoio das irmãs que moram perto e do filho de 15 anos. Ela me conta um pouco mais sobre seu relacionamento com o pai de Vivi; ele viaja muito porque o relacionamento dos dois é conturbado; ela já pediu a separação, mas ele não aceita. Relata que, com o nascimento da filha, seria ainda mais difícil conseguir a separação, pois desde a sua primeira gravidez ele queria uma menina e que, inicialmente, rejeitou o menino, porque já tinha outros dois filhos do primeiro casamento. Mara acha que o marido se envolve pouco com as situações relativas à filha; de vez em quando ele liga para saber sobre o que está acontecendo.

Vivi tem uma evolução bastante difícil e conturbada, e entendo que isso também parece estar ligado a tantos impedimentos vividos por Mara em seu relacionamento com o marido e sua rejeição inicial da gestação. Mara tem muito desejo em relação à filha, mas parece precisar encontrar um lugar para Vivi em sua vida.

Ao longo dos atendimentos, trabalho com a perspectiva de que Mara conte um pouco mais da sua história para a filha. Percebo que é importante que o pai apareça de alguma forma para Vivi, pois ele não conseguia vir vê-la, mas tinha um desejo em relação a ela que precisava aparecer na fala da mãe. Converso com Mara sobre a possibilidade de ela contar a respeito do seu relacionamento com o pai, das dificuldades que ele tem para vê-la assim doente, mas sempre destacando o seu desejo de que ela fique bem e vá para casa.

É possível perceber que Mara percorre um caminho, junto com a filha, no qual acredita e desacredita em alguma medida, estando sempre presente e atenta às situações atravessadas por Vivi. Aos poucos vai conseguindo tocar e falar, e destaca que nos momentos de piora tem muito medo de perdê-la e não consegue conversar a respeito.

Nos atendimentos, sistematicamente, trabalho com a mãe a necessidade de abrir a incubadora e falar um pouco com Vivi a respeito do que ela vem enfrentando e o quanto sua mãe tem estado sempre ao seu lado e tentado entender o que se passa. Digo a ela que em algumas situações sua mãe tem muito medo de perdê-la. Retomo um pouco com Mara a história de sua gestação. Conto para Vivi que no início a sua mãe ficou muito assustada e não sabia como iria caber um bebê em sua vida, mas aos poucos foi se acalmando e pôde ir se apegando e construindo um lugar para ela. Destaco que a mãe encontrou um espaço para ela dentro da família e seu nome tem relação com toda essa história. A mãe diz a ela que seu nome se relaciona ao fato de ela estar sendo vitoriosa. Contamos novamente para Vivi que sua mãe e seu pai estão com dificuldades de relacionamento, que seu pai não está conseguindo vir, mas que ele quer que ela fique bem e vá para casa.

Na semana seguinte, Vivi ainda está no CTIN e a mãe me conta que na madrugada anterior havia se extubado sozinha, acidentalmente. Como ficou bem, optaram por não entubar novamente. Realizo o atendimento de Mara com Vivi no colo, depois de pelo menos três semanas muito grave e entubada. Mara conta toda a melhora de Vivi, conversamos com ela e digo que poderia melhorar ainda mais, para poder sair do CTIN e ir para casa.

A mãe fala do pai de Vivi e pergunto o que ela tem conversado com ele. Mara relata que tem contado a respeito da filha e que frisa a importância de sua presença. Diz que quando fala, ele fica em silêncio e depois lhe diz que quando vier para casa tudo vai ser diferente e que ele vai poder conviver com ela. Mara consegue falar de seu ressentimento em relação a essa situação.

Nesse atendimento aponto para a mãe a importância de ela ficar o máximo de tempo possível com Vivi no colo. Sugiro que ela peça à equipe de enfermagem que coloque a bebê em seu colo durante todo o tempo que permanecer no setor, para que elas tenham o maior contato possível. Tento enfatizar para Mara a importância de sua presença junto à filha, destacando o quanto Vivi conhecia e precisava de seu colo e que este se distinguia de tudo o que a equipe oferecia para ela. A mãe se mostra totalmente disponível e fica muito satisfeita com a tranquilidade da filha quando está em seu colo.

O que observo é que Mara proporciona um colo bastante aconchegante e seguro para sua filha, mas ainda fala pouco e se mostra bastante satisfeita quando converso com Vivi durante os atendimentos. Aos poucos, ela se torna mais confiante em relação à evolução da filha; parece que tudo que atravessaram possibilitou a Mara conhecer e se apropriar de Vivi e esta, por sua vez, responde cada vez melhor, fazendo apelos para ir ao colo e mamar. Observo que Vivi fica muito bem com a mãe. Quando é dada a possibilidade de ela ir ao peito, suga prontamente, como se estivesse há muito tempo esperando por essa oportunidade. Isso não é comum para bebês prematuros que permaneceram longo tempo entubados, como é o caso de Vivi. Em relação à amamentação, Mara conta que estimulou e tirou leite todos os dias.

Mara conta que teve ajuda na primeira mamada, mas que Vivi pegou bem e não teve dúvidas de que ela estava mamando. Refere que não teve maiores dificuldades, sempre achou que conseguiria amamentar, pois o leite não secou durante o longo tempo de espera.

Percebo que Vivi está com o esquema corporal desorganizado, o que é esperado diante da situação de prematuridade e de todas as situações difíceis que precisou atravessar. Discuto essa situação com a equipe de enfermagem e aponto que ela precisa ser aconchegada na ausência da mãe e seria importante segurá-la no colo nos momentos das mamadas e enrolá-la no lençol quando estivesse agitada, para que pudesse se sentir mais contida e protegida. Ao longo da internação, observo que, em algumas situações, Vivi está aconchegada e mais tranquila, em outros momentos, está bastante desorganizada e chorando muito. Toda essa agitação me parece bastante significativa, pois denota uma busca por contato, ela parece se ressentir da ausência da mãe, cuja presença é muito importante para ela. Quando encontro Vivi chorando, consolo-a contando um pouco do que se passa e legitimo sua busca por contato, e ela se acalma e dorme. Em seguida, aponto insistentemente para a equipe de enfermagem o quanto é importante confortá-la enquanto a mãe não está, e a equipe vai se colocando cada vez mais receptiva em relação aos cuidados que Vivi necessita.

Ao final da internação, Mara conta que vê o período como um pesadelo. Menciona que viveu muitas situações difíceis e momentos em que tinha muito medo de perder a filha. Conta que os atendimentos foram importantes, pois foi possível falar mais sobre o que acontecia com Vivi, dos medos que sentia e das dificuldades que estava vivendo com seu marido, e isso fez com que ela olhasse para toda a situação de um jeito diferente. Percebeu que Vivi era muito forte, pois enfrentava todas as situações difíceis que surgiam.

Inicialmente Mara se vê confrontada com o fantasma da morte da filha, mas, aos poucos, com a possibilidade de falar a respeito dos seus medos e inseguranças, ela pôde entender um pouco mais a respeito do que se passa e construir um lugar para a filha em sua vida. Assinalo que compreender as falas da equipe foi difícil, pois havia o confronto com a possibilidade da morte, o que era muito assustador. Conforme Mara entendia mais a respeito de sua história e do que se passava em relação à internação de Vivi, aproximava-se da filha e começava a surgir uma conversa.

Mara encontrou caminhos para se aproximar e cuidar da filha, mas ficou restrita em relação aos cuidados, uma vez que Vivi ficou em estado grave, entubada, e a equipe tinha receio de colocá-la no colo. Trabalho com a equipe a necessidade de viabilizar que as mães segurem seus bebês o mais precocemente possível, pois isso traz a possibilidade de um contato e uma proximidade imprescindível para essa relação. É importante incluir a mãe de forma que ela cuide de seu bebê e saia da posição de expectadora.

Ao final da internação, Mara conta que tem algum receio em relação ao banho, pois acha que Vivi ainda é muito pequena. Discuto com a equipe a importância de a mãe realizar os cuidados com Vivi, principalmente o banho, com o auxílio da enfermagem, para que se sinta mais confiante. No que se refere ao atendimento de Mara, retomamos um pouco do caminho percorrido ao longo da internação; trabalho com ela o quanto é normal que ela esteja apreensiva em relação aos cuidados, pois durante todo esse tempo havia toda a equipe em volta, mas que seria importante, nesse momento, ela manter cada vez mais os cuidados.

Sobre Vivi, vejo que a impossibilidade de comunicação inicial foi muito comprometedora para ela, colocando sua vida em risco. Houve uma dificuldade relacional que, neste caso, passou quase despercebida dentro de um cotidiano repleto de urgências. O que mais me impressionou foi a situação de desamparo e solidão da mãe que, mesmo sempre presente, teve muita dificuldade de se colocar tanto em relação à filha, quanto às manifestações que ouviu da equipe de saúde.

Ao longo dos atendimentos Mara pôde falar a respeito das situações difíceis que a envolviam e de alguma forma interferiam na sua relação com a filha. A partir disso, aproximou-se efetivamente de Vivi e construiu um lugar para ela dentro de sua vida e na família.

***

É importante que os profissionais do CTIN, além de acenarem com a possibilidade de vida para o bebê, também apresentem suporte para que os pais exerçam sua função junto ao filho, oferecendo palavras, cuidado e atenção. Não se pode perder de vista o fato de que o bebê só pode se constituir enquanto sujeito a partir do cuidado e reconhecimento do Outro. Nesse sentido, a equipe deve favorecer o encontro desde o primeiro momento, quando as famílias adentram esse espaço, dando oportunidade para que os pais entendam a situação em que estão envolvidos e aos poucos consigam (re)conhecer seu bebê.

Neste trabalho, é importante encontrar os caminhos possíveis, que permitam entrar em contato com o sofrimento das famílias, dos bebês e dos profissionais. A passagem por esse caminho se dá pela fala. É imprescindível que haja lugar para falar a respeito do que acontece, contemplando as dores envolvidas em um fazer que muitas vezes se cumpre sem que os profissionais se permitam pensar ou conversar a respeito. Neste contexto, é preciso ter alguém que escute as falas e entenda as situações que envolvem os pais, o bebê e os profissionais que convivem nesse lugar, tentando resgatar algum sentido nesse cotidiano.

Será preciso ter um olhar diferenciado para os profissionais que passam muitas horas implicados nessa rotina e têm poucas oportunidades de se questionar a respeito, uma vez que estão envolvidos por um fazer repetitivo que evita entrar em contato com o sofrimento. O profissional pode acabar respondendo sempre da mesma forma, na tentativa de se afastar de um contato humano tão imprescindível nesse contexto de primeiras relações dos bebês com seus pais.

Tem sido essencial, ao longo desse trabalho, realizar intervenções que permitam manter algumas portas entreabertas, pois só a possibilidade de ter expectativas dá a chance aos pais de investir na relação, o que é fundamental para a recuperação e o desenvolvimento do bebê, ou mesmo para a posterior elaboração do luto se o bebê não resistir. Também é possível perceber, a partir dos atendimentos com as famílias, que quanto mais envolvidos e participativos nos cuidados, melhores perspectivas terão na elaboração do luto se precisarem enfrentar a morte do bebê.

Para encerrar este texto, volto ao início, quando disse a respeito do meu fascínio em relação aos bebês desde muito cedo. O quanto ele me impulsionou no sentido entender mais sobre os bebês e tentar proporcionar condições para que eles possam aproveitar o seu entorno e desfrutar do contato com sua família e cuidadores durante a internação. Espero que possamos contribuir para que esse não seja um período impeditivo na sua constituição subjetiva, e sim uma etapa em que construam vínculos e tenham as suas primeiras conquistas.

Referências

Agman, M. (1999). Intervenções psicológicas em neonatologia. In D. B. Wanderley (Ed.), *Agora eu era o rei: os entraves da prematuridade*. Ágalma.

Druon, C. (1999). Ajuda ao bebê e aos seus pais em terapia intensiva neonatal. In D. B. Wanderley (Ed.), *Agora eu era o rei: os entraves da prematuridade*. Ágalma.

Faria, M. C. (2000). O estranho no ninho: o bebê com síndrome de Down. In C. M. F. Rohenkohl (Ed.), *A clínica com o bebê*. Casa do Psicólogo.

Gomes, A. L. H. (2001). *As especificidades do vínculo da mãe com o bebê pré-termo na situação de internação.* [Dissertação de Mestrado, Instituto de Psicologia, Universidade de São Paulo].

Mathelin, C. (1999). *O sorriso da Gioconda: clínica psicanalítica com bebês prematuros*. Trad. Procópio Abreu. Companhia de Freud.

Oliveira, E. P. (2017). A importância da voz nos primórdios da constituição psíquica. In E. P. Oliveira & D. Cohen (Orgs.), *O bebê e o outro – seu entorno e suas interações*. Instituto Langage.

Rabelo, A. (2004). A função simbólica da UTI neonatal. In R. A. Aragão (Org.), *O bebê, o corpo e a linguagem*. Casa do Psicólogo.

Szejer, M. (1999). *Palavras para nascer: a escuta psicanalítica na maternidade*. Casa do Psicólogo.

Winnicott, C., Shepherd, R., & Davis, M. (Orgs.). (1994). *Explorações psicanalíticas: D.W. Winnicott*. Artes Médicas.

2. Bebê, história e palavra: o diário do bebê na UTI neonatal

Isabella Castello B. Nunes

Mas já que se há de escrever, que ao menos não se esmaguem com palavras as entrelinhas.

Clarice Lispector

Este texto propõe-se a levantar uma discussão teórico-clínica sobre a compreensão da construção do diário do bebê como um dispositivo clínico, fruto da experiência clínica psicanalítica desenvolvida no Centro de Terapia Intensiva Neonatal (CTIN1). O CTIN recebe pacientes com doenças crônicas e/ou graves e possui equipe médica e equipe multiprofissional na assistência, com profissionais de nutrição, fonoaudiologia, psicologia, terapia ocupacional, fisioterapia, farmácia e enfermagem.

As mães têm a liberdade para permanecer junto ao bebê internado durante 24 horas. Outros familiares podem visitar em dois dias da semana, em dois horários. De modo geral, é muito comum que as mulheres sejam as acompanhantes mais assíduas dos bebês, e isto acontece em razão de vários fatores – históricos, sociais ou individuais. Fato é que existe uma grande expectativa de toda a equipe do CTIN pela presença delas para o bebê: que elas acompanhem a internação, que estejam cientes dos diagnósticos e prognósticos e que haja um vínculo estabelecido com o filho nesse período.

Se a ênfase na participação dos pais para o bebê é positiva, por um lado, porque retoma o aspecto importante de dar lugar às pessoas que vão exercer a função desejante para o bebê, por outro, por enfatizar a presença e o vínculo dos pais, especificamente, junto ao bebê, acaba por reforçar o modelo de família nuclear hegemônica e, nesse encadeamento, também reforça o discurso de culpabilização da mãe-mulher. O objetivo deste texto não é se aprofundar nestas questões. Contudo, é importante destacar que serão usados termos como "a/o cuidador/a principal", para reforçar que essa função pode ser ocupada por pessoas diferentes, a depender do contexto da família, reconhecendo que é preciso tomar cada vez mais cuidado com o discurso que coloca exclusivamente sobre a mulher a responsabilidade pela criação do bebê.

O lugar da família na UTI neonatal

Hoje há um consenso sobre a importância do vínculo e presença dos pais[1] junto ao bebê. Na história das maternidades pelo mundo, nem sempre a presença de familiares foi valorizada e possibilitada. O primeiro centro hospitalar para atendimento de prematuros, estabelecido em 1923 nos Estados Unidos, não enfatizava a participação das mães nos cuidados do bebê prematuro. Até os anos 1960, nos hospitais dos Estados Unidos, existiam regras rígidas de controle de presença de pessoas junto aos bebês. A justificativa era, principalmente, relacionada ao controle de infecções. A maior flexibilização da liberação da visita dos pais nos berçários ocorreu graças à preocupação cada vez maior com relação ao vínculo pais/bebê. Klaus e Kennel (1992) apontam que a separação radical entre pais e bebê ocasionada pela internação prolongada da criança compromete o vínculo de forma significativa, levando a rompimentos importantes e, em alguns

1 Neste trecho uso "pais", pois os textos consultados sobre esta parte histórica utilizam este termo.

casos, situações de abandono do bebê. Na Europa, passaram a existir pesquisas sobre os cuidados de bebês prematuros em casa e a valorização e integração da família nesse cuidado. A partir da década de 1970 houve significativos avanços na medicina, levando à melhora tanto da taxa de sobrevivência quanto da qualidade de vida nas unidades para prematuros. Com isso, a interação com a família passou a ser cada vez mais considerada (Klaus & Kennel, 1992).

Na cena de uma Unidade de Terapia Intensiva Neonatal, é frequente que o recém-nascido internado experimente seus primeiros contatos com as pessoas de dentro da incubadora, de onde escuta os sons abafados e tem seu corpo invadido por dispositivos e toques desconfortáveis. É comum que os bebês em situações clínicas graves estejam sedados, prostrados, com pouca ou nenhuma possibilidade de interagir com seu entorno. Esse contexto apresenta desafios significativos para a presença e participação ativa dos familiares nos cuidados do bebê, dificultando a construção de uma relação que envolva toque, carinho e interações sutis com o recém-nascido.

Considerando a situação clínica delicada do recém-nascido internado, os cuidados prestados pela equipe assistencial, por mais desconfortáveis que sejam, são aqueles que têm a intenção de garantir a sobrevivência do bebê. Mathelin (1999), ao discorrer sobre seu trabalho como psicanalista em um serviço de neonatologia em Paris, afirma que reanimar o corpo orgânico de um bebê é imprescindível ao mesmo tempo que é igualmente imprescindível a reanimação do seu "desejo de viver". Este desejo está necessariamente articulado ao desejo dos cuidadores principais: "o gesto médico dá um sopro vital do qual não se pode prescindir, porém a palavra pode trazer de volta a vontade de viver" (p. 64). A psicanalista destaca a importância dessa presença da ordem do desejo – que se difere da ordem exclusivamente técnica dos cuidados – para o bebê durante sua internação, que, por meio da palavra, contribui para a ancoragem à vida.

Essa perspectiva evidencia a relevância da presença de pessoas que busquem oferecer algo para além da supressão das necessidades físicas do bebê. Espera-se dos cuidadores principais que construam sentidos que possibilitem dar lugar de existência para o recém-nascido. Assim, a presença dessas pessoas para o bebê internado é fundamental. Trata-se de uma presença da qual se espera que dê condições para o bebê suportar sua existência que, desde tão cedo, já é atravessada por intempéries. É importante que esses adultos construam um vínculo com ele, coloquem-se como quem sabe do que ele precisa ao dar sentido aos seus apelos. Esse trabalho da construção de vínculo na internação do bebê acontece conforme essas figuras compreendem o ambiente de internação, os ritmos e as expressões de seu filho, podendo, aos poucos, construir significados para os seus apelos.

Lacan fala sobre um "desejo não anônimo" para se referir a um lugar singular que o bebê ocupa na vida psíquica daquele que se encarrega de sua entrada nas relações humanas. Trata-se de um desejo particular, em que o adulto supõe um sujeito com sentimentos e vontades e interpreta seus apelos, nomeia suas experiências. Esse conjunto de elementos que ocorrem no laço entre o bebê e o adulto que se encarrega dele faz parte dos primórdios da constituição subjetiva. Chama-se "função materna" este lugar que o adulto ocupa como um Outro para o bebê – Outro como lugar simbólico. Trata-se de uma função exercida não necessariamente pela mãe, uma vez que pode ser executada por outras figuras afetivas para o bebê (Garrafa, 2021). Trata-se da presença de pessoas que acolham seu choro, que construam um saber sobre ele, que reconheçam seu modo singular de estar em vida e legitimem seu lugar no mundo.

A legitimação do lugar do bebê no mundo

Szejer (1999), na conferência proferida no Brasil sobre a escuta de bebês em maternidade, afirma que a separação do nascimento é um compromisso entre duas pessoas: o feto e sua mãe. Para ela, o nascimento ocorre através do corpo da mulher que, desde antes, já transita por todo um meio social – de linguagem. Portanto, para o bebê, o nascimento é como uma costura entre corpo e linguagem. O bebê mergulha no mundo das palavras: "A especificidade do trabalho analítico com os recém-nascidos repousa na hipótese de que, para um analista, o bebê é acima de tudo um ser tomado na linguagem já presente antes de sua concepção" (Szejer, 1999, p. 19).

Dirigir palavras ao bebê é uma forma de oferecer-lhe um lugar na linguagem. Szejer (1999) afirma que há uma sensibilidade especial do recém-nascido ao receber atenção durante seus primeiros dias de vida, considerando que o ser humano é um ser falante e a palavra é um modo de comunicação privilegiado entre o bebê e os outros.

Todo ser humano, desde antes do período da gestação, porta uma história. Françoise Dolto, psicanalista francesa, parte do pressuposto de que o ser humano é um ser de "filiação linguageira" e está localizado dentro de uma linhagem transgeracional. Ao descrever sobre o "falar verdadeiramente", defende que se dirigir ao bebê e contar sobre a verdade da sua história é estruturante. Para a psicanalista, o bebê, desde a vida fetal, busca comunicação. Falar a verdade que lhe pertence e fornecer os marcos referenciais de uma história é um dever dos adultos. A criança precisa conhecer a verdade de suas origens (Nasio, 1995).

Mathelin (1999), nesta seara, diz sobre os pressupostos necessários para um estabelecimento do trabalho psi em uma unidade de internação neonatal: possibilitar a apropriação da própria história,

> *permitir com uma palavra humanizadora, além do real traumático, uma possibilidade de abrir espaço ao trabalho do imaginário e a simbolização, indispensável para que a criança e seus pais possam se apropriar da sua história. Essa história existia antes do nascimento e existirá depois.*

> *Esse laço não pode ser destruído, o trabalho inteiro do serviço será velar por ele, assim como vela os monitores e as sorologias (Mathelin, 1999, p. 65)*

Szejer (1999) se expressa sobre os bebês entregues à adoção pela família de origem. Ela defende que os bebês têm referências construídas e memorizadas já no ambiente pré-natal, durante a gestação. Bebês separados da família após o nascimento (e aqui pode-se aproximar da situação dos recém-nascidos internados, mesmo os que não são entregues à adoção) sofrem um corte em relação às referências pré-natais memorizadas: a voz da mãe, seu cheiro, os ruídos de seu corpo, a voz dos que a circundam, o ambiente familiar. São referências das quais se distanciam após o nascimento. Nessas condições, para Szejer, o que permite fazer algum vínculo entre o bebê e essas referências primordiais são as palavras que lhe forem dirigidas e que permitirão dar sentido ao que lhe é dado. Qualquer pessoa que se sinta em condições de falar e que conheça sua história "deve se sentir implicada em uma urgência de intervenção, uma urgência de palavra", como forma de situar o bebê em sua própria história: "a partir daí, a criança poderá vir a ocupar seu lugar nessa história tão particular que a precede e a atravessa (p. 44)". É preciso que alguém seja o transmissor oral dessas informações ao recém-nascido, sendo uma forma de privilegiar a simbolização da falta como uma forma de precaução em manter o sujeito em "posição ativa e desejante": "A palavra dita ao lactente desde sua vinda ao mundo é uma das garantias de que, pelo menos uma vez, ele terá escutado essa história, que é autenticamente sua" (Sezjer, 1999, p. 45).

Os bebês "sozinhos"

Estão hoje estabelecidas, na cultura hospitalar, a facilitação e valorização da presença da família no contexto de internação de um bebê.

Recai mais fortemente à mãe a expectativa, por parte da equipe, pela sua presença e participação no processo. Nesse contexto, não é muito incomum que apareçam aqueles bebês os quais seu contexto familiar não corresponde a esse cenário esperado. Por diferentes motivos, há aqueles que passam seus dias de internação sem receber as visitas dos pais e/ou cuidadores principais, ou aqueles que recebem essas visitas em uma alternância mais espaçada que acaba por impactar no vínculo familiar e na sua participação efetiva na internação. Essas situações geram reações da equipe de saúde, que vê um cenário afetivo diferente do que se espera para um bebê recém-nascido. Suscita-se na equipe reações em relação ao bebê como dó, compaixão, aproximações, distanciamentos e resistências. Situações como essas, do bebê sozinho, mobilizam aqueles em sua volta, pois podem remeter às fantasias de cada um, associadas à angústia do desamparo e do abandono. Com a intenção de discutir a situação de um bebê em um cenário como este, será abordado um fragmento de um caso atendido.

Márcio[2] foi um bebê que, ao nascer, foi para o CTIN1 e não teve a presença de familiares durante suas primeiras semanas de vida. Tratava-se de uma dinâmica familiar complexa, desde antes do seu nascimento. Sua genitora encontrava-se em situação de vulnerabilidade social, em situação de rua e em uso de substâncias psicoativas durante a gestação e planejou, inicialmente, entregar Márcio aos cuidados de sua irmã após seu nascimento. A tia materna foi receptiva à proposta e preparou-se para assumir Márcio em sua vida. Depois do nascimento, houve uma mudança na decisão da mãe de Márcio, que voltou atrás e avisou a irmã que iria ficar com o bebê. Conflitos anteriores na família foram aflorados com essa situação e a Vara da Infância foi notificada.

Sua internação ocorreu por causa de um desconforto respiratório logo ao nascer, com 35 semanas de gestação. Nos primeiros dias, ficou em incubadora e com suporte ventilatório. Enquanto isso, a Vara da

---

2 Foi atribuído um nome fictício com a intenção de proteger a identidade do paciente.

Infância foi notificada e abriu-se um processo judicial para decidir o destino de Márcio após a alta: se iria para casa ou seria encaminhado para uma Instituição de Acolhimento para Crianças e Adolescentes (SAICA). Com isso, nesse período, Márcio viveu suas primeiras semanas de vida recebendo poucas visitas de seus familiares. Nas primeiras quatro semanas, houve apenas uma visita de sua genitora e uma visita de sua tia materna.

Por tratar-se de um "bebê sozinho", membros da equipe médica e interdisciplinar se sensibilizaram com a situação de Márcio e passaram a oferecer atenção e cuidado para além do estritamente técnico. Passaram a oferecer colo mais vezes ao dia, não só quando pedia. Algumas médicas residentes que se afeiçoaram ao menino visitavam-no com frequência e até ofertavam mamadeira – algo incomum na UTI neonatal, uma vez que esta é uma função realizada geralmente por profissionais da enfermagem, nutrição ou fonoaudiologia – quando na ausência da mãe. Algumas enfermeiras lhe atribuíram um apelido, sabiam como ele gostava de dormir e quais eram as melhores formas de acalmá-lo quando agitado. Relações de maternagem foram construídas com Márcio. Nas discussões com a equipe, pensou-se mais a respeito da importância desse cuidado afetivo que pudesse significar o entorno para Márcio, uma vez que ele não tinha, a princípio, contato com a família.

Quando ele completou um mês de vida, a tia passou a realizar mais visitas e pude atendê-los juntos. A genitora apareceu duas vezes para vê-lo, pegou-o no colo e não houve outras visitas por parte dela ou do genitor. A tia materna, por sua vez, parecia não ter clareza sobre seu desejo de assumir os cuidados de Márcio. Associava sua dificuldade de decidir com a relação conflituosa que tinha com sua irmã e com o genitor do bebê. No entanto, gradualmente, apareceu com mais frequência. Ela passou a olhar mais para Márcio e dirigir-lhe mais as palavras. Realizei atendimentos com ela individualmente, momentos em que foram trabalhadas questões relacionadas ao seu desejo de assumir o lugar de cuidadora principal de Márcio. Aos poucos, apareceu em seu discurso uma predominância de sua inclinação ao vínculo e à participação dos cuidados. Foi ficando claro que havia uma construção do seu lugar de exercício da função materna para Márcio. Ainda em paralelo, havia um medo significativo em assumir essa função, considerando a possibilidade de perder a guarda decorrente de uma possível reivindicação por parte dos genitores de Márcio. Passei a atender Márcio e contar a ele sobre o que eu sabia a respeito de sua família. Contei sobre seus genitores e sua tia. O trabalho também foi realizado com a tia, que construiu uma narrativa sobre ele, contando-a. Disse a ele que, apesar de um contexto um tanto incerto, havia pessoas que o queriam bem, que estavam cuidando dele com carinho e tentando encontrar o melhor caminho para ele após sua alta.

Enquanto isto, o processo corria na Vara da Infância e quando a tia materna passou a assumir os cuidados principais e se autorizar neste lugar, veio a decisão judicial de que, a princípio, Márcio seria acolhido em um SAICA. Neste momento, houve um abalo repentino. Seu desejo, entretanto, sustentou-se de alguma forma e nos dias seguintes procurou resolver questões burocráticas para reivindicar a guarda de Márcio. Continuou comparecendo nas visitas. Conheceu a equipe do SAICA que acolheu Márcio e continuou visitando-o regularmente.

O diário do bebê: testemunho e registro da história

Ao longo do processo de internação, e durante o trabalho da construção de vínculo, é comum que os cuidadores principais façam registros do bebê. Relatam o cotidiano para outros familiares e amigos próximos que acompanham a internação, fazem vídeos, comemoram mesversário, contam sobre as conquistas para outras mães, tiram fotos da primeira mamada, do primeiro colo, da primeira roupa, do primeiro banho. Isso tudo acontece de modo que a história do bebê, de diferentes maneiras, seja assinalada, testemunhada, relatada e registrada.

Esses registros verbais, fotográficos e escritos também fazem parte do lugar simbólico que está sendo construído para o bebê. É a história dele que começa a ser registrada e inscrita no mundo.

Para o bebê recém-nascido, a consciência dos eventos primordiais dos primeiros anos de vida não se insere diretamente em suas lembranças. Comumente, somente ao longo dos anos é que vai se deparar com detalhes desse período inicial, por meio de narrativas compartilhadas por pessoas próximas. Familiares como pais, mães, tios, avós, vizinhos e irmãos mais velhos são os principais transmissores dessas lembranças infantis. A exposição a essas histórias serve como uma forma de apropriação das cenas que compõem a origem de sua própria narrativa de vida. Dessa forma, o período de hospitalização do bebê se torna uma parte significativa de sua trajetória pessoal.

Pensando nisso, durante as primeiras semanas de vida de Márcio, uma das intervenções realizadas e que incluiu a equipe interdisciplinar do setor foi a de registrar os principais acontecimentos de sua vida, fazendo um diário. A proposta de realizar o diário surgiu com a intenção de legitimar e registrar as suas primeiras vivências durante sua passagem na UTI neonatal. O diário reforça a importância das primeiras lembranças, registros dos primeiros vínculos dentro do ambiente de internação.

A construção do diário de Márcio aconteceu a partir de discussões sobre o caso junto à equipe interdisciplinar, especialmente a equipe de terapia ocupacional. Somou-se a esse processo a experiência de uma residente externa que realizava o estágio optativo no CTIN e compartilhou conosco a sua experiência com elaboração de diários na unidade de internação em que trabalhava[3]. Juntamente com a terapeuta ocupacional, pensamos em adequar o diário à realidade do nosso serviço e, em especial, à realidade de Márcio. Integrei

3 Helena Brotero foi quem compartilhou conosco o trabalho coordenado pela terapeuta ocupacional Geni Teshima (2023).

a este projeto o que eu já havia estudado sobre o trabalho do Instituto Fazendo História, que incentiva os serviços de acolhimento a conversarem com as crianças e adolescentes acolhidos para desenvolver meios de expressão e apropriação de sua história.

A incerteza sobre o futuro após a internação de Márcio foi um dos aspectos que se destacou para pensar no diário como um material de registro da sua passagem pelo CTIN. Havia algo nessa incerteza que angustiava a equipe, ainda diante de um contexto familiar que se organizava aos poucos. Circulava no discurso da equipe uma comoção que indicava a sensação de que se podia fazer pouco por Márcio diante de toda a incerteza que se colocava em relação ao seu futuro. Confeccionar o diário e envolver a equipe interdisciplinar nesse processo foi um modo de deslocar-se desse lugar de impotência.

Aos poucos, pensamos nas informações que poderiam compor o diário. No início da internação de Márcio, sabíamos pouco sobre sua família e seu contexto de vida. Tínhamos informações mais objetivas sobre seu parto e a internação de sua mãe na enfermaria de obstetrícia. Ao longo da confecção do diário, reunimos outras informações importantes, que diziam respeito ao seu contexto de internação e familiar. A tia materna, a partir do momento que passou a comparecer mais vezes no setor, foi apresentada ao diário e contribuiu com seus relatos.

Durante a pesquisa realizada na literatura publicada sobre diários de bebês internados, foi possível perceber que, em sua maioria, os diários elaborados nas maternidades das quais se tem alguma produção escrita e publicada envolvem a participação de mães e pais no processo de construção, como pode ser lido em Motta et al. (2007). Nessas propostas, mães e pais são os principais responsáveis pela confecção e escrita do diário, os quais incluem informações sobre a rotina, sobre as primeiras consultas, informações médicas, cartas para que o bebê consulte futuramente. A proposta da qual trata este texto se diferencia por abordar um contexto do bebê, pelo menos a princípio, sem a presença da família.

De modo geral, estas são algumas informações importantes a serem consideradas para o diário de um bebê internado: quem são seus cuidadores principais e familiares próximos, qual a história deles, onde nasceu, horário de nascimento, o tipo de parto, como foi a mamada, qual foi a primeira roupa após sair da incubadora, o nome dos profissionais que participaram dos cuidados (geralmente em um âmbito mais afetivo), o jeito que gostava de dormir, o dia da alta, o tempo de internação, o tempo que ficou na maternidade, se tem irmãos, avós, tios. É possível anexar objetos usados no parto e na internação, a touca do hospital, o carimbo do pezinho, a pulseira de identificação, recados escritos pelos profissionais mais envolvidos e seus nomes. Esses aspectos podem ser considerados e discutidos, adaptados a cada caso, na medida que fizer sentido.

Diário do bebê como facilitador do cuidado

Não é incomum que membros da equipe interdisciplinar se sensibilizem com o contexto de bebês que não recebem visitas de familiares. O que em geral acontece é que os profissionais envolvidos nos cuidados percebem a ausência do cuidador e tentam sintonizar as demandas desses bebês de forma diferenciada, esforçando-se para entender o seu contexto de vida. No caso de Márcio, houve um movimento em que os membros da equipe interdisciplinar passaram a oferecer uma presença do âmbito afetivo e da maternagem. A intervenção do analista nesses casos pode favorecer a construção dessa relação da equipe com o bebê. É importante enfatizar aos profissionais que fazem os cuidados diários que esse contato diferenciado pode cumprir uma função constitutiva para o bebê: falando com ele, nomeando os cuidados durante as manipulações, nomeando o toque, contando a ele sobre seu entorno. Através das palavras que dizem sobre seu contexto, a equipe apresenta o mundo ao bebê nesse início de sua vida.

Nesse contexto, o diário do bebê aposta em seus efeitos durante o processo de ser pensado e estruturado, não só depois de finalizado. A equipe, principalmente os membros que estão ativamente no cuidado diário com o bebê, pode ser convidada a participar de sua construção. Forma-se uma aposta de que esse envolvimento com o diário possa promover olhares e cuidados constitutivos ao bebê. No caso do diário de Márcio, convidamos os profissionais que estavam ativamente nos cuidados a escreverem recados, os quais foram fixados nas páginas do diário. Isso aconteceu no final da internação de Márcio, quando tivemos a notícia de que ele seria encaminhado ao SAICA. Então, os recados deixados para ele, além de serem registros das pessoas que estiveram presentes no início de sua vida, também foram uma forma de a equipe se despedir, uma forma de elaborar essa despedida – uma vez que os efeitos do vínculo também recaem nos profissionais.

O diário de Márcio foi escrito em primeira pessoa, como se fosse ele constatando a sua própria história. Essa decisão foi reconsiderada nos diários seguintes, pois diferentemente do modo de escrever em primeira pessoa, é o profissional de saúde que escreve e quem testemunha e conta a história para o bebê. Dessa forma, o bebê não fica em uma posição passiva em relação a sua própria história, mas é tomado como sujeito, considerado e respeitado pelo educador, que procurará atribuir sentidos às suas manifestações (Alencar, 2011).

Além disso, a aposta é que o diário acompanhe o bebê, contribua com os cuidados oferecidos a ele, bem como com a aproximação e contato mais direcionados. No caso de Márcio, o diário foi levado ao SAICA, onde pode ser consultado por aqueles que irão se ocupar dos cuidados dele. Cuperman (2011) fala sobre o papel da equipe em uma Instituição de Acolhimento para Crianças e Adolescentes: abrigar as histórias e permitir que a criança possa ser acolhida em sua individualidade. Para isso, é preciso construir um saber consistente sobre ela, contando com diferentes fontes de informação para a construção desse cuidado singularizado.

> *Nesse sentido, a história do bebê encontra-se, de um lado, inscrita e marcada em seu corpo por meio de sinais que os educadores precisam ler e reunir, como em um grande quebra-cabeça e, por outro lado, nas informações que são fornecidas tanto pela Vara de Infância quanto pelo Conselho Tutelar, ou por qualquer pessoa que tenha estado com o bebê ao longo do período de acolhimento. Essa diversidade de informações ajuda a arquitetar hipóteses sobre as necessidades e demandas desse bebê (Cuperman, 2011, p. 88).*

O diário do bebê pode ser uma dessas fontes de informação, entendimento e facilitação do contato, que contribui para a construção de um cuidado singularizado no SAICA.

Considerações finais

A elaboração do diário do caso trabalhado aqui se deu como um projeto piloto. É possível afirmar que ele carrega possibilidades de efeitos e apostas: durante sua construção, tem efeitos naqueles envolvidos diretamente – na equipe de saúde, no bebê e na família, quando presente; efeitos de costura para o bebê entre seu corpo, a linguagem e sua história; aposta em um efeito de costura entre seus cuidadores e as palavras dirigidas ao bebê, para a construção de uma maternagem com palavras verdadeiras; apostas em efeitos *a posteriori*, no bebê, na família e/ou nas equipes de cuidados pelos quais o bebê vai ser envolvido durante sua trajetória. Contribui para que aqueles que o receberão após sua internação – seja a família ou a instituição de acolhimento – construam um cuidado singularizado.

A relação entre o bebê, a palavra e a história foi ressaltada neste texto destacando a importância de dirigir palavras ao recém-nascido como uma forma de oferecer um lugar simbólico no mundo. A comunicação verbal e o registro escrito são meios de transmitir a verdade de suas origens e fornecer marcos referenciais para a construção de sua história. O diário é um testemunho da história do sujeito, um meio de devolver a ele uma versão dessa história registrada sob o ponto de vista de quem o conheceu, situado no contexto hospitalar. Uma forma de aposta no laço entre o bebê, sua história e sua verdade. Uma aposta – um tanto ousada – de que o sujeito possa, um dia, construir a própria versão de sua história.

Referências

Cuperman, L. O bebê tem história. (2011). In F. Nogueira (Org.), *Entre o singular e o coletivo. O acolhimento de bebês em abrigos*. Instituto Fazendo História.

Alencar, C. (Coord.). (n.d.). O acolhimento de bebês: práticas e reflexões compartilhadas. Instituto Fazendo História.

Garrafa, T. (2022). Primeiros tempos da parentalidade. In D. Teperman, T. Garrafa, & V. Iaconelli (Orgs.), *Parentalidade*. Autêntica.

Klaus, M. H., & Kennell, J. H. (1992). *Pais/bebê: a formação do apego*. Artes Médicas.

Mathelin, C. (1999). *O sorriso da Gioconda*. Companhia de Freud.

Motta, L. A., Costa, K. S. da, & Chatelard, D. S. (2007). O diário do bebê: relato de uma experiência em uma unidade de terapia intensiva neonatal. *Revista de Psicologia, 11*(16), 167-174.

Nasio, J. D. (1995). *Introdução às obras de Freud, Ferenczi, Groddeck, Klein, Winnicott, Dolto, Lacan*. Zahar.

Wanderley, D. B. (Org). (1969). Da pulsão de morte ao desejo de vida. In *Agora eu era o rei: os entraves da prematuridade*. Álgama.

Szejer, M. (1999). A escuta psicanalítica de bebês em maternidade. Conferências de Myriam Szejer no VI Encontro Brasileiro para o estudo do psiquismo pré e perinatal. (C. Berliner & M. L. A. Gutierrez, Trad.) Casa do Psicólogo.

Teshima, G. (2023). *A contribuição da atividade Diário: primeiras histórias para a educação interprofissional em programa de residência multiprofissional em neonatologia.* [Dissertação de Mestrado, Universidade de São Paulo].

3. Grupo de pais na unidade neonatal

Ana Lucia Henriques Gomes

Isabella Castello B. Nunes

Ocupar um lugar no mundo é ocupar um lugar na vida de outro. Somente a partir desta experiência é que o olhar poderá se voltar para o mundo com curiosidade e desejo.

Gilberto Safra

Um nascimento inesperado

O parto acontece permeado pela urgência e, quando o bebê está em perigo iminente, a realidade se aproxima do fantasma da morte, gerando um trauma que, segundo Mathelin (1999), permanece sem palavras, porque é impensável. As mulheres que tiveram o filho bruscamente afastado ao nascimento geralmente tentam buscar explicação e querem estabelecer um vínculo. Esta situação não favorece uma identificação da mãe com seu bebê, pois toda a aproximação e primeiros contatos estarão dificultados a partir do momento em que a mãe se depara com um bebê frágil que corre risco de morte, muito diferente de suas expectativas e idealizações, necessitando de internação no Centro de Terapia Intensiva Neonatal (CTIN). Esta é, resumidamente, a situação com a qual a família se vê confrontada, tendo que buscar caminhos para se aproximar desse bebê que, sobretudo nos primeiros momentos, se mostra como um "estranho" e a coloca diante de sua própria estranheza.

O que acontece diante dessa realidade é que, logo após o parto, a mãe e a família terão uma prevalência de sentimentos de perda, que se colocam de forma ampla. Essa mulher se depara com uma realidade bastante complexa e, em casos de prematuridade, perdeu a possibilidade de levar a sua gestação até o final. No nascimento, ela se vê com um bebê que tem dificuldades de desenvolvimento, há entraves para aproximações: não se sente autorizada a tocar e precisa deixá-lo sob os cuidados de outros.

Pode-se observar que, ao se deparar com essa situação e com a necessidade de ficar afastada do bebê, os pais passam por um primeiro momento de desorganização, e a mulher pode desenvolver uma depressão secundária que, segundo Camarotti (apud Rohenkohl, 2000), se relaciona com sentimentos de incapacidade e impotência diante do bebê e da equipe.

É possível observar que, no início, há o predomínio de angústias em relação à vida e ao desenvolvimento do bebê. A família apresenta uma vivência psíquica intensa, em que desejo, culpa, medo e ansiedade se misturam. Muitas vezes se sentem isolados dentro do seu sofrimento por haver uma separação imposta pela internação.

O primeiro contato com o bebê é, em geral, difícil, pois ele apresenta um estado clínico crítico, normalmente está ligado a uma série de aparelhos e tem aparência frágil. As primeiras conversas com os médicos, na maioria das vezes, são desanimadoras, já que os primeiros dias depois do parto são críticos e a expectativa dos pais é receber um prognóstico favorável. Nesse momento, qualquer tipo de aproximação e/ou afastamento acontece de forma difícil, muitas vezes o bebê não pode ir ao colo, os desejos se colocam de maneira ambivalente, pois não se sabe o que esperar dessa situação.

Segundo Mathelin (1999), vida e morte se colocam desde o nascimento, esta é uma realidade com a qual todos os pais se confrontam. No entanto, essa situação será amenizada quando, no parto a termo, tudo corre bem e os pais se deparam com um bebê que os gratifica. Quando o bebê precisa de internação logo ao nascimento, os pais se confrontam com um bebê que só está vivo graças à intervenção da equipe de saúde, necessitando de muitos recursos e cuidados especializados. Neste momento, é a morte que permeia as relações pais-bebê, sendo difícil se colocarem como detentores de vida para o bebê, que geralmente os assusta. Esta é uma situação que poderá inibir ou até impossibilitar as primeiras relações com o recém-nascido.

Diante dessa realidade, Gomes (2009) aponta os entraves para o estabelecimento do vínculo, uma vez que pais e bebê terão que (re)descobrir um caminho que lhes possibilite uma aproximação e posteriormente um encontro que promoverá a constituição e desenvolvimento do bebê. Inicialmente, o contato pais-bebê será intermediado pela equipe, que tentará facilitar algum tipo de aproximação, incentivando-os a conversar e tocar o bebê. O caminho que a família fará é sempre muito particular, por isso é necessário estar atentos e respeitar as disponibilidades ou impossibilidades, tentando encontrar formas de favorecer o encontro entre as partes.

Grupo de pais como dispositivo clínico

Desde a década de 1980 há a iniciativa de realizar grupos de pais dentro do setor. Inicialmente, o grupo tinha uma característica mais informativa, com o objetivo de esclarecer os pais sobre as condições clínicas dos bebês. Ao longo dos encontros, a equipe foi confrontada não só com dúvidas objetivas, mas também com relatos carregados de sofrimentos e angústias que esses pais traziam em suas colocações. Com o tempo, observou-se que seria importante oferecer mais do que informações clínicas, mas também um espaço que possibilitasse um momento de encontro, em que pudessem falar sobre suas dúvidas e angústias, bem como escutar sobre as experiências uns dos outros. Ao longo dos anos, houve uma alternância de profissionais que participaram do grupo.

Diante desse contexto, tornou-se importante a construção de dispositivos que possibilitassem à equipe acolher e lidar com as famílias de forma diferenciada, no sentido de abrir espaços para que as dificuldades e angústias pudessem ser faladas e trabalhadas. De acordo com Broide e Broide (2016), o trabalho com grupos em instituição deve ser construído a partir da escuta das demandas, diferenciando dos grupos criados com objetivo de atender demandas burocráticas e/ou para cumprir metas institucionais. Os autores defendem que o que está em questão nos grupos é a tarefa comum, "mas há que estar presente a trama coletiva e a possibilidade de fazer emergir a dramática de cada um no espaço compartilhado" (Broide & Broide, 2016, p. 52).

O Grupo de pais ficou sem acontecer durante alguns anos e em 2015 a equipe percebeu a necessidade de um espaço de conversa com as famílias e passou-se a discutir a possibilidade de retomar o Grupo. Por outro lado, notou-se que os pais tinham carência de um espaço em que pudessem conversar mais com membros da equipe e mesmo entre eles. A ideia foi amadurecida e o Grupo de pais, retomado. A coordenação do Grupo passou a ser de profissionais de psicologia, contando com a participação de outros membros da equipe interdisciplinar: enfermeiro, nutricionista, assistente social, terapeuta ocupacional e médico.

Os pais dos bebês internados são comunicados sobre a existência do grupo durante a entrevista de acolhimento inicial realizada pela equipe de Serviço Social. Outros profissionais da equipe interdisciplinar convidam e comentam sobre o grupo com os pais, e as próprias famílias falam entre si, divulgando-o. Pouco antes do início do encontro, os profissionais passam pelo setor convidando os pais presentes a participarem.

O encontro se inicia com a apresentação dos profissionais, que informam seus nomes e área de atuação; os pais também se apresentam, dizendo seus nomes e o de seus filhos. Retoma-se o enquadre do grupo, assim como apontado por Broide & Broide (2016), reforçando a hora, o dia, a regularidade dos encontros e a tarefa do grupo: abrir espaço para as pertinências a serem discutidas acerca da experiência na UTI neonatal. Em seguida, abre-se para que os pais se coloquem. Trata-se de um grupo aberto, que não trabalha com temas preestabelecidos, e sim com a demanda que as famílias trazem a cada encontro. É um espaço em que podem compartilhar as vivências e construir novos sentidos, como uma forma de (res)significar a experiência e lidar com as dificuldades enfrentadas ao longo da internação.

Por vezes, contam a respeito da estadia no setor, sobre a dificuldade de chegar no ambiente e entender o que se passa com o filho e a rotina. Referem-se ao fato de ter que deixar o bebê sob os cuidados de uma equipe especializada, confrontando-se com uma separação logo no início da vida. Em outras situações, o encontro gira em torno de dúvidas relacionadas às questões clínicas dos bebês, como também queixas relacionadas a problemas na rotina.

Nesses encontros é possível trabalhar com as diferenças que permitem as trocas e o reconhecimento da identificação que acontece entre eles. É um dispositivo que também tem como objetivo possibilitar que as famílias criem uma rede de apoio entre elas e com a equipe de saúde, contribuindo para o enfrentamento das dificuldades trazidas pelo cotidiano da internação. Portanto, procura-se criar um espaço de troca de experiências e de reflexão a respeito das situações, criando possibilidades de estreitar os vínculos. Uma das contribuições do grupo é abrir espaço para discussão a respeito dos diversos momentos da internação e seus desafios. Isso permite que aqueles pais que estão no início da jornada com seu bebê, que está em estado grave, possam ouvir a respeito do caminho trilhado por outra família que já passou por isso e que agora pode realizar os cuidados com seu filho e sonhar com o momento de levá-lo para casa. Como refere Higarashi e Marcon (2014):

> *Estudos ratificam o comportamento familiar de solidariedade e apoio às famílias recém-chegadas ou hospitalizadas há menos tempo, como meio facilitador da adaptação,*

> *promovendo o enfrentamento da situação pelo compartilhamento de experiências e sofrimentos em comum (p. 62)*

Como coordenadoras do grupo comprometidas com a orientação psicanalítica, estamos sempre atentas a criar um espaço de acolhimento e de comunicação dentro de um cotidiano em que muitas vezes prevalece o desencontro, tanto em relação às comunicações como no que diz respeito ao encontro da família com seu bebê.

A coordenação do grupo assume uma postura ativa e acolhedora em relação às vivências trazidas pelas famílias, estimulando a participação e expressão das questões e dificuldades enfrentadas no cotidiano da internação, favorecendo a discussão. Segundo Broide & Broide (2016), o coordenador deve se permitir ser "suporte daquilo que os integrantes do grupo lhe colocam, e operar a partir destas múltiplas transferências" (p. 53). Os autores destacam que o trabalho da coordenação é de disponibilidade para escutar o outro e fazer advir as singularidades dos sujeitos (2016).

Ao longo da internação, com a participação nos encontros, as famílias entendem que esse grupo também funciona como um espaço de reivindicação em relação a algumas solicitações que eles apresentam. Nesse sentido, em alguns encontros somos confrontados com mães que querem falar de suas percepções e dificuldades no dia a dia do setor, solicitando que nos coloquemos. Nessas situações, posicionamo-nos no sentido de acolher suas queixas e reivindicações, propondo caminhos e possibilidades imediatas ou pensando em resoluções e propostas para discussões posteriores. A coordenação do grupo, portanto, trabalha levantando os pontos importantes e as possibilidades de encontrar caminhos para lidar com o sofrimento das famílias e seus bebês, tanto no que se refere ao suporte emocional quanto aos problemas de manejo em relação aos impasses na comunicação.

Em 2020 as atividades do Grupo de pais foram suspensas, retornando aos encontros grupais no CTIN em 2021, em um momento de flexibilização das restrições da pandemia de covid-19. Foi um contexto de importantes mudanças decorrentes da ampliação de leitos no CTIN. Com 10 leitos novos sendo abertos no setor, houve um projeto de contratação de uma nova equipe interdisciplinar para expansão da assistência no setor. Com a chegada de novos profissionais, foi necessário um período de reestruturação, adaptação e reorganização do serviço como um todo no que se refere à gestão, aos cuidados assistenciais e às dinâmicas de comunicação entre equipes. As famílias dos bebês internados não passaram ilesas nesse período. Ruídos começaram a surgir, principalmente no que se referia à comunicação entre equipe e familiares, o que ocasionou desencontros nas relações.

Com isso, os encontros grupais no CTIN retornaram em 2021 carregando a tarefa de abrir espaço para que fosse possível falar desses ruídos, para que pais, mães e equipe pudessem falar sobre os desencontros. Nesse sentido, o grupo tem funcionado como um facilitador da comunicação entre as famílias e a equipe de saúde, uma vez que se entende o quanto isso reduz a ansiedade das famílias diante da internação. Nos encontros, os pais têm a oportunidade de esclarecer dúvidas, mas o mais importante é conhecer membros da equipe que se disponibilizam a manter um canal de comunicação aberto. Essa interação mais próxima facilita a construção de uma relação de confiança e de proximidade entre a equipe e os pais.

Nesse trabalho, tanto junto à equipe quanto com os pais, é importante estar a serviço do estabelecimento de uma interlocução entre as diversas partes envolvidas, a partir de uma aproximação e entendimento das famílias nos cuidados que poderão ou não dispensar ao seu bebê, nos diversos momentos da internação. "Ajudar os pais a serem seus pais apesar de tudo, não deixar nem a família nem a equipe confundir a criança com o aparelho" (Mathelin, 1999, p. 90). É necessário que todos possam pensar e falar sobre os riscos e dificuldades vividos durante a internação, para que a morte psíquica não se sobreponha.

Na internação como um todo, a equipe desempenha um papel importante na medida em que vai intermediar as possibilidades de encontro e as relações pais-bebê. É necessário que essa equipe ajude os pais a lidar com os sentimentos diversos e contraditórios que envolvem o nascimento do bebê, sempre no sentido de viabilizar a comunicação, acolhendo não só as dúvidas, mas também os medos e as ansiedades que se colocam ao longo da internação. Assim, a equipe precisa proporcionar um *holding* tanto para o bebê quanto para os pais. A experiência de *holding* (sustentação), segundo Winnicott (1993), tem relação com a capacidade da mãe de se identificar com o seu bebê, podendo segurá-lo e dando-lhe sustentação física. Tem como função essencial manter o sentimento de continuidade para o bebê. Neste contexto, o espaço do grupo se coloca como um lugar diferenciado de acolhimento para os pais, pois pode cumprir a função de *holding*. É importante que a equipe esteja atenta às (im)possibilidades de entendimento e aproximação dos pais com a situação vivida e as maneiras de aproximação e contato nos diversos momentos da internação. As possibilidades de constituição e desenvolvimento do bebê se relacionam diretamente com o ambiente que o circunda e o acolhe, que nesta situação são os pais e a equipe.

A urgência e o sofrimento: estes são os dois aspectos que causam maior impacto na UTI neonatal. É imprescindível entrar em contato e poder lidar com essas questões, nomeando-as. O que é urgente? Ao pensar na questão do vínculo e do contato do bebê com o ambiente que o circunda, a primeira urgência na vida do bebê será encontrar o acolhimento desse ambiente formado pelos pais e pela equipe. Dentro desse setor, outros profissionais poderiam mencionar outras urgências, como uma parada respiratória. Essas situações que permeiam o cotidiano, implicando questões que envolvem vida e morte, precisam ser nomeadas.

Os grupos também se colocam como uma oportunidade para os profissionais perceberem que a possibilidade de sobrevivência subjetiva coloca o bebê em posição de combate diante das dificuldades apresentadas pelos problemas ao nascimento. As equipes nos serviços de neonatologia têm considerado cada vez mais a importância de intermediar os primeiros contatos dos pais com seus bebês. É necessário trabalhar com esses profissionais, conscientizando-os em relação a sua importância, uma vez que estão em contato direto com a família e seus filhos, desde o nascimento, desempenhando os cuidados, atenção e procedimentos.

O CTIN tem, muitas vezes, um contexto mortífero que se sobrepõe e impacta emocionalmente os pais. Diante de um real tão avassalador, diante de um filho tão perto da morte, é responsabilidade do analista abrir espaço para a elaboração psíquica, frente à urgência da demanda, instaurando um tempo de compreensão. O analista e a equipe interdisciplinar presentes nos encontros podem ocupar um lugar de testemunho das histórias relatadas pelos familiares que enfrentam momentos angustiantes da internação dos filhos. Dessa forma, o Grupo de pais se coloca como uma aposta de que o mais imprescindível a ser feito em relação às famílias será abrir espaço para que elas se coloquem e sustentar as singularidades, na tentativa de promover um (re)encontro com o desejo nesse contexto de confronto com a realidade de seu filho no início de sua vida.

Referências

Asera, E. F., & Japur, M. (2003). Grupo de apoio aberto para pessoas portadoras do HIV: a construção da homogeneidade. *Estudos de Psicologia (Natal), 8*(1), 55-62. https://www.scielo.br/j/epsic/a/wdQPFbP4y9CStDJ8b9q3xQx/.

Camarotti, M. C. (2000). De braços vazios: uma separação precoce. In C. M. F. Rohenkohl (Org.), *A clínica de bebês*. Casa do Psicólogo.

Gomes, A. L. H. (2001). *As especificidades do vínculo da mãe com o bebê pré-termo na situação de internação*. [Dissertação de Mestrado, Instituto de Psicologia, Universidade de São Paulo].

Higarashi, I. H., & Marcon, S. S. (2014). Importância atribuída à rede de suporte social por mães com filhos em unidade intensiva. *Esc Anna Nery, 18*(1). DOI: 10.5935/1414-8145.20140009.

Klein, M. M. S., & Guedes, C. R. (2008). Intervenção psicológica a gestantes: contribuições do grupo de suporte para a promoção da saúde. *Psicologia: Ciência e Profissão, 28*(4), 862-871. http://pepsic.bvsalud.org/scielo.php?script=sci_arttext&pid=S1414-98932008000400016&lng=pt&tlng=.

Mathelin, C. (1999). *O sorriso da Gioconda: clínica psicanalítica com bebês prematuros*. Trad. Procópio Abreu. Companhia de Freud.

Winnicott, D. W. (1993). *A família e o desenvolvimento individual*. Martins Fontes.

4. Cuidados paliativos: intervenções com a equipe e suporte para o bebê e sua família

Ana Lucia Henriques Gomes

> *Queria atropelar a dor, sair do outro lado, não importava quantos pedaços ficariam pelo caminho. Não sabia lidar com a dor sem tempo e cuidado mutila, deforma. Há que se permitir atravessar e ser atravessado por ela, sem pressa, sentindo sua angústia, sua ansiedade e seu desespero. Só assim é possível não ser desfeito a ponto de não conseguir refazer.*
>
> Elisama Santos

Os dilemas relacionados à terminalidade da vida em perinatologia e pediatria têm ocupado um relevante espaço de discussão no contexto da bioética. Na infância, a definição de terminalidade, por representar situação trágica, é mais complexa do que no adulto, de modo que a determinação da irreversibilidade na criança é um processo mais árduo, que demanda mais tempo. Esse fato ocorre especialmente nos países da América Latina, onde a medicina se caracteriza pelo forte componente paternalista associado ao conceito tradicional de manutenção da vida a qualquer preço, tanto do ponto de vista da sociedade civil quanto da prática médica (Garanito & Cury, 2016).

Ao enfrentar o fardo de uma doença grave, as famílias reagem de forma diversa. Algumas têm muita dificuldade de enfrentar a situação e podem se desestruturar, enquanto outras conseguem lidar com a experiência e fortalecer algumas capacidades: reconhecimento da possibilidade de perda e maior flexibilidade no planejamento familiar. A família pode usar essa oportunidade para enfrentar os problemas não resolvidos e desenvolver relações mais imediatas e atenciosas. Nessa direção, os profissionais que lidam com esses pacientes e suas famílias também precisam ter alguns espaços para refletir sobre suas próprias experiências e sentimentos sobre questões relacionadas à doença e à perda, uma vez que suas próprias convicções vão estar presentes no atendimento (Walch, 2016).

Piva e colaboradores (2011) apontam que a família deseja ser ouvida, mas de forma alguma pretende ter o controle da situação e ser responsável pela definição final em relação às medidas terapêuticas. A equipe precisa estar atenta às particularidades de cada família para propor opções terapêuticas mais apropriadas, favorecendo um diálogo franco que propiciará maior entendimento e participação em todo o processo, contribuindo para que atravessem a situação de perda e lidem com o processo de luto posterior. Nesse sentido apontam que:

> *A habilidade da equipe médica em conduzir essa discussão pode representar a diferença entre a paz de espírito da família (por entender que o melhor a seu alcance foi ofertado nos últimos momentos de vida de seu filho) ou a culpa permanente (por sentir-se responsável pelo sofrimento e morte de seu ente querido)... É fundamental que a equipe médica escute e identifique valores e prioridades que aquela família possui e adota (consciente ou inconscientemente) para guiar e motivar suas decisões. De posse dessas informações poderá eleger e sugerir as opções terapêuticas*

mais apropriadas que atendam às necessidades daquele binômio família/criança (Piva et al., 2011, p. 82).

Emer et al. (2016) referem que, em relação ao suporte às famílias, é importante dar especial atenção àquelas com crianças pequenas, pois é fundamental instrumentalizá-las, desencorajando a manutenção de segredos. Para tal, é necessário estar atento às aptidões cognitivas da criança para compreensão da situação, para que não haja sobrecarga ou superproteção. Nesse sentido, é preciso estar alerta às individualidades, pois o desenvolvimento cognitivo da criança estará sujeito às influências das vivências pessoais e do modo de vida da família.

Kovács (2008) menciona uma "conspiração do silêncio" dentro da família, em que existe uma tentativa de mútua proteção que denuncia fragilidades, uma vez que, ao esconder os fatos, o adulto acredita estar protegendo a criança que, por sua vez, sente-se confusa e desamparada, sem ter com quem falar e, até mesmo, pensar sobre o que está acontecendo. Sendo assim, o ocultamento dos fatos tem repercussões na capacidade cognitiva e afetiva da criança, podendo deixar marcas em seu desenvolvimento. Também aponta que a criança gostaria de negar a morte, mas quando os fatos contradizem o que lhe informam, ela fica completamente perturbada e frustrada. A autora ensina que muitos adultos têm dificuldade em conversar com seus filhos pequenos sobre a morte, argumentando que as crianças não entendem nada a respeito desse tema, porém, a ocultação da verdade provoca um sentimento de estarem sendo enganadas, ou consideradas ingênuas, podendo ter impacto profundo na relação de confiança entre pais e filhos, justo em um momento tão delicado do ciclo vital.

No cotidiano do Centro de Terapia Intensiva Neonatal (CTIN), quando há um diagnóstico em que o bebê é colocado em cuidados paliativos, a família é encaminhada para avaliação da equipe de psicologia e recebe acompanhamento durante a internação do bebê.

Intervenções com a equipe e as famílias

No serviço de Obstetrícia de um hospital de alta complexidade ao qual este texto se refere, realiza-se um trabalho interdisciplinar de cuidados paliativos. O grupo de assistência interdisciplinar presta atendimento a gestantes que recebem diagnósticos de malformação fetal cujos prognósticos apresentam alta morbidade ou mortalidade. Ao longo da prática da equipe interdisciplinar do serviço de Obstetrícia, percebeu-se a urgência de acolher essas famílias de forma integral, abarcando não só as questões obstétricas, mas também um cuidado que contemple o sofrimento envolvido nesse complexo cenário. Para tanto, há uma equipe interdisciplinar que realiza atendimentos em duplas de profissionais de áreas diversas: psicólogos, médicos (obstetras e pediatras), enfermeiros e assistente social. Os casos são discutidos pela dupla logo após o atendimento, e posteriormente em reunião semanal com toda a equipe. Esse grupo funciona no serviço de Obstetrícia e é composto, em sua maior parte, de profissionais desse setor. Tem a participação de dois neonatologistas e uma psicóloga do CTIN, para que seja possível articular o atendimento às famílias e aos seus bebês durante a gestação, o parto e o puerpério.

O trabalho realizado com as famílias durante o pré-natal é muito importante, na medida que tenta prepará-las para o nascimento de um filho com prognóstico grave ou letal, e que pode morrer no início da vida. Quando um bebê nasce, as equipes – médica e de psicologia – que participaram das discussões e atendimentos com as famílias durante o pré-natal são avisadas. Quando o bebê chega ao CTIN, o serviço de psicologia procura atender o bebê e sua família o mais precocemente possível. Nesta discussão, maior foco será dado ao trabalho de psicologia desenvolvido junto ao bebê internado no CTIN.

Quando o bebê é admitido no CTIN e possui um prognóstico letal, discute-se o caso primeiramente com a equipe de enfermagem, no sentido de construir um olhar diferenciado em relação ao bebê e a sua família, considerando que há certa urgência na promoção dos primeiros contatos entre família e bebê, uma vez que pode haver pouco tempo de vida. Conversa-se sobre as intervenções específicas que essa situação demanda: de flexibilização dos horários de visita e abertura para outros familiares e os irmãos comparecerem, tentando entender e atender as particularidades do caso e os pedidos da família. Tenta-se garantir que a visita ao bebê aconteça em um local mais reservado dentro do setor, para que a família tenha mais privacidade. Solicita-se à equipe de enfermagem que o bebê seja colocado no colo dos pais na primeira visita e oferece-se atendimento psicológico o mais precocemente possível. A intenção é ajudá-los a criar lembranças com o bebê: tirar fotos com os pais e irmãos, se estes vierem visitar.

Esses casos são discutidos com a equipe multiprofissional em reunião semanal com objetivo de pensar nas intervenções de cada especialidade profissional. Articulam-se reuniões da equipe com a família para promover conversas a respeito dos cuidados a serem oferecidos para o bebê e as possibilidades de acolhimento em relação a dificuldades, medos e desejos da família.

O momento em que profissional precisa informar aos pais sobre estado crítico e/ou iminência de morte do bebê é delicado e demanda cuidado, mesmo que a família esteja a par da gravidade da situação. Nesse sentido, utiliza-se o conceito de *comunicação de más notícias*, que propõe um plano de ação, centrado no paciente, que oriente os profissionais a conduzirem a comunicação de uma maneira em que eles não se percam em suas próprias ansiedades e consigam contemplar as demandas da família que está recebendo as más notícias (Setubal, 2019).

Na condução desse processo, os profissionais devem favorecer um ambiente em que prevaleça a confiança e o respeito, viabilizando o entendimento. Nesse momento é necessário escutar, respondendo de forma objetiva, direta e o mais simples possível aos questionamentos, tentando não utilizar jargões técnicos e imprecisão estatística, que em nada ajudam. É imprescindível entender que a comunicação precisa respeitar o tempo de cada família (Piva et al., 2011).

Segundo Astarita e Goldim (2023), é importante saber manejar a comunicação principalmente em situações de gravidade e premência de morte. Apontam que uma boa comunicação entre equipe e família contribui para o processo de tomada de decisão, o que é essencial para o cuidado adequado. É importante oferecer aos pais a possibilidade de trazerem figuras importantes para eles e que possam ajudar e dar suporte emocional ao receberem as notícias – familiares mais próximos, por exemplo.

Em relação à situação do bebê em processo ativo de morte, é importante que os pais tenham condições de estar próximos a ele. A possibilidade de o bebê ir para o colo é discutida com os pais com o objetivo de entender o que eles gostariam para esse momento de despedida. Junto à equipe médica, de enfermagem e de fisioterapia, tomam-se os cuidados para que este seja um encontro em que a família tenha um contato mais íntimo com seu filho. Oferecer a possibilidade do colo aos pais tem fundamental importância para a produção de memórias, sendo um momento de intimidade compartilhada pela família, que pode conversar com seu filho e se despedir.

Ariera (2018) aponta que diante da condição de terminalidade, aspectos espirituais tendem a ter maior visibilidade e podem se colocar como um agente regulador das emoções. No trabalho com as famílias, o que se observa é que a fé ocupa um lugar de destaque, contribuindo para que os pais tenham algum conforto diante da perda. Nesse sentido, é fundamental escutar e trabalhar com a espiritualidade como mais uma ferramenta que a família utiliza para lidar com situações tão complexas como a doença, a morte de um filho e o processo de luto posterior.

Algo comum no CTIN relacionado à espiritualidade vinculada à religiosidade dos pais são os pedidos para trazer um líder religioso para conhecer o bebê e realizar algum ritual litúrgico. Nessas circunstâncias, tenta-se viabilizar que os encontros aconteçam o mais breve possível e de acordo com o desejo da família. Em situações de batismo católico, há contato direto com o padre do hospital.

A perspectiva de uma abordagem em cuidados paliativos é fundamental nesse setor. Nos casos letais, de duas a quatro semanas após a morte do bebê, a equipe de psicologia realiza um contato com a família oferecendo atendimento presencial ou *on-line* (algumas famílias residem muito longe ou em outras cidades) para saber como estão e para avaliar a necessidade de acompanhamento psicológico externo. A equipe coloca-se à disposição para futuros contatos, sempre no sentido de realizar encaminhamentos de acordo com a necessidade, pois não é possível acompanhar esses casos no setor.

Intervenções com irmãos do recém-nascido

As famílias frequentemente relatam dificuldade em comunicar sobre uma doença grave e a possibilidade de morte do bebê aos outros filhos crianças. Nos atendimentos, muitas vezes é importante legitimar o sofrimento dos pais, autorizá-los a chorar. Principalmente, é importante que entendam que podem conversar a respeito do sofrimento e mostrar o quanto estão tristes para os filhos. Explica-se sobre o quanto a criança irá se tranquilizar diante da possibilidade de falar a respeito de um sofrimento que ela percebe.

Em relação aos atendimentos em cuidados paliativos às famílias no CTIN, aborda-se a importância da comunicação com os filhos em diversos momentos e a equipe se coloca à disposição para atender a criança em uma de nossas consultas. Nestas conversas, precisamos estar atentos à idade e ao entendimento cognitivo da criança. Apontando a importância de abrir um canal de comunicação a respeito da situação grave do bebê e da possibilidade de perda. Nos atendimentos com a família sempre há a preocupação de saber se o problema do recém-nascido já foi conversado com os irmãos, e em geral os pais têm muitas dúvidas sobre o que e como falar com os filhos. Questões que aparecem na fala dos pais:

- É importante contar para eles?
- Será que vão sofrer demais?
- Será que vão conseguir entender?
- São muito pequenos, será que adianta falar?

Diante das angústias dos pais, é fundamental pensar junto com eles, considerando a idade das crianças, nas formas de falar sobre o assunto explicitamente, de forma simples para que entendam. É importante ponderar com o adulto o quanto, desde o momento do diagnóstico do bebê, a criança está ouvindo falar a respeito de um problema que não entende e que não consegue falar, uma vez que isso não é conversado com ela, mas percebe que preocupa e traz muito sofrimento para todos que estão ao seu redor.

As famílias, inicialmente, referem ter dificuldade para falar com as crianças sobre o que estão enfrentando com o bebê, mas o que se percebe é que, quando são orientadas sobre a importância de conversar sobre o assunto, conseguem expor o problema para os filhos. Com frequência relatam que se surpreendem com a reação das crianças. Contam que essas conversas permitem que dialoguem a respeito dos problemas, propiciando maior aproximação. Depois dessas intervenções, muitas vezes trazem o desejo de que o filho conheça o bebê.

Diante do pedido de visita de crianças aos bebês graves, a equipe do CTIN direciona a solicitação para o serviço de psicologia avaliar e conduzir. Diante dessa demanda, nos atendimentos com os pais, avalia-se a dinâmica familiar com a criança, quais conversas já foram realizadas com o filho e o que ele está entendendo sobre a situação do bebê. Há uma tentativa de distinguir o desejo da criança e o dos pais, a fim de entender a importância efetiva do contato direto com o bebê em uma situação grave.

Conforme a criança fala a respeito do irmão, sabe-se mais sobre o que ela entende e sobre suas fantasias. A partir do que a criança conta, pode-se falar mais sobre o que ela irá encontrar. É importante saber o que ela e os pais gostariam de dizer para o bebê. Esse repertório pode ser usado no momento do encontro, caso todos fiquem sem fala diante da emoção. Nesse momento tão significativo é possível intervir usando as palavras da família para o bebê. Em seguida, há um exemplo:

> *Durante o atendimento psicológico no CTIN, uma mãe relata que contou sobre a gravidade do bebê para os filhos mais velhos e que eles já tinham visitado o irmão. Contudo, relata que o filho de 4 anos ainda não sabia a situação, mas tinha um bom vínculo com o bebê durante a gestação: "conversava e beijava a barriga todos os dias". Refere que desde que o bebê nasceu, o filho tem ficado muito triste, pedindo com frequência para ver o irmão.*

Nessas situações, família e equipe podem ficar apreensivos ao pensar que uma criança pequena vai ter contato com uma situação tão difícil. Torna-se imprescindível avaliar junto à equipe, à família e à criança os benefícios e riscos que a visita pode promover. É importante que isso seja trabalhado no sentido de realizar intervenções que contemplem as disponibilidades da criança e respeitem as especificidades e desejos de cada família. Todas as visitas são acompanhadas pela psicóloga.

No caso apontado, a família relata que a criança, depois da visita ao irmão, ficou mais tranquila e passou a falar mais sobre o irmão com parentes e na escola. Os pais relatam que esse momento foi muito significativo, pois tiveram a possibilidade de estar com os filhos juntos e conversar a respeito do bebê, mostrando as suas particularidades.

O que se pode afirmar é que os retornos são positivos: após as visitas dos irmãos ao bebê, as famílias e a equipe apontam que as crianças trazem percepções e falas muito surpreendentes e significativas.

Sobre a equipe, discute-se com os profissionais sobre as particularidades relacionadas ao caso, para que estes se preparem para a entrada da criança no setor. Depois da visita, os profissionais costumam contar que ficam mobilizados e surpreendidos com a delicadeza da situação. Percebem a capacidade da família de conduzir e explicar para a criança a complexidade do que está acontecendo de forma simples e afetiva e a perspicácia das crianças, que conseguem ver detalhes e conversar com o bebê. Durante as visitas dos irmãos, estimula-se a conversa dos pais e da criança com o bebê.

Em outras situações, nos atendimentos com os pais, avalia-se que eles gostariam de trazer os outros filhos, mas as crianças não parecem demandar essa visita ou não há tempo hábil para que a visita aconteça. Nessas circunstâncias, tenta-se encontrar a melhor alternativa, que pode ser combinar um horário para uma chamada de vídeo com a criança, que precisa estar acompanhada de uma figura de referência. Durante a chamada de vídeo, é possível conversar e tentar entender o que a criança sabe, e contar mais a respeito do bebê, da internação e dos aparelhos. Se o profissional entender que a criança tem o desejo de ver o bebê, é possível mostrá-lo, sempre com um dos pais ao lado do bebê e conversando junto com o profissional. É importante contar o que se passa de um jeito simples e lúdico, tanto para a criança, como para o bebê, que vai saber um pouco mais sobre sua família e seu irmão.

É importante ressaltar que quando se inicia um diálogo aberto com a criança, expande-se a possibilidade de a criança falar a respeito de algo que até então era um assunto interditado. A partir das questões que a criança formula, encontra-se o melhor caminho para falar sobre o que está se passando de uma forma que ela entenda. Nesse sentido, o acompanhamento psicológico permite à família obter mais repertório e suporte em relação ao problema, possibilitando melhor comunicação com a equipe, o bebê e seus outros filhos.

A possibilidade de os pais contarem a respeito da internação do bebê aos filhos mais velhos favorece que os próprios pais tenham a chance de encarar a situação delicada em que o bebê se encontra e elaborem a despedida, caso ele não sobreviva. Essas são intervenções importantes para estreitar os vínculos, oferecendo a chance para as famílias de estarem com seus filhos e realizarem rituais de despedida, compondo repertório e construindo recursos psíquicos que farão diferença no processo de elaboração do luto posterior.

As intervenções em cuidados paliativos são um trabalho que o serviço de psicologia e a equipe médica desenvolve dentro do setor; é fruto de atendimentos, reflexões e discussões com a equipe multiprofissional do CTIN e com a equipe do setor de obstetrícia. Nessas equipes há profissionais com formação nessa área, o que amplia as possibilidades de debates e amadurecimento em relação às melhores intervenções, sempre buscando um caminho que dê condições para que o bebê possa aproveitar o seu entorno, tendo maior contato com sua família, com todos que cuidam e o rodeiam, pelo tempo que for possível.

Referências

Arriera, I. C. O. (2018). Espiritualidade nos cuidados paliativos: experiência vivida de uma equipe interdisciplinar. *Rev Esc Enferm USP, 52*. https://doi.org/10.1590/S1980-220X2017007403312.

Astarita, J. G. A., & Goldim, J. R. (2023). Compreensão e comunicação de cuidados paliativos em neonatologia: abordagem bioética. *Revista de Bioética, 31*. https://doi.org/10.1590/1983-803420233575PT.

Emer, M., Moreira, M. C., & Haas, S. A. (2016). A criança e a iminência de morte do progenitor: o desafio dos pais na comunicação das más notícias. *Rev SBPH, 19*(1), 21-40.

Garanito, M. P., & Cury, M. R. G. (2016). A espiritualidade na prática pediátrica. *Revista Bioética*, 24(1), 49-53, jan.-abr. DOI: 10.1590/1983-80422016241105.

Kovács, M. J. (Org.). (2008). *Temas em Psico-oncologia*. Summus.

Oliveira, F. F. et al. (2019). Cuidado paliativo no período pré-natal. In Rubio, A.V; Souza J. L. (orgs.) *Cuidado paliativo pediátrico e perinatal*. Atheneu.

Piva, J. P.; Garcia, P. C. R.; Lago, P. M. (2011). Dilemas e dificuldades envolvendo decisões de final de vida e oferta de cuidados paliativos em pediatria. *Revista Brasileira de Terapia Intensiva*, 23(1), 78-86. DOI: 10.1590/S0103-507X2011000100013.

Setubal, M. S. V. (2019). Comunicação e estratégias para más notícias em perinatologia. In: RUBIO, A. V. SOUZA, J.L. *Cuidado paliativo: pediátrico e neonatal*. Atheneu.

Walsh, F. *Processos normativos da família: diversidade e complexidade*. Artmed.

5. O enigma da ausência materna: o analista e a demanda da equipe multidisciplinar

Clarice Suzuki Ursini

A vida na hora.
Cena sem ensaio.
Corpo sem medida.
Cabeça sem reflexão.

Não sei o papel que desempenho.
Só sei que é meu, impermutável.

Wisława Szymborska

Um adulto interpreta a careta de choro de um bebê. Decifra se é de fome, sono ou cólica; vê em seu rosto com qual parente já começa a se parecer; supõe características da sua personalidade. Cenas assim ilustram o contexto simbólico em que o cuidador oferece à criança – seu corpo e suas experiências – nomes e significados, indo muito além da satisfação das necessidades básicas. O que se passa aí pode ser alegre e corriqueiro, mas a entrada na posição parental não é natural ou sem conflitos, e implica disposição para uma verdadeira reorganização existencial (Garrafa, 2022).

O CTIN recebe bebês e famílias cujas histórias foram marcadas por gestações e partos de alto risco, com intercorrências diversas. Os recém-nascidos são separados dos pais e levados ao setor imediatamente após o nascimento. É o início da vida em uma situação extrema, tanto pela gravidade do estado de saúde dos pacientes quanto pelos limites impostos pela internação, em especial no que tange ao contato do bebê com os seus familiares nos primeiros momentos de vida.

Entre as dificuldades iniciais da aproximação cuidador-bebê na internação, está o desafio familiar de (re)construir um lugar junto ao filho que acaba de nascer e está em estado grave (Gomes, 2001a). Algumas famílias recebem o diagnóstico do bebê ou a informação de que o parto será de alto risco ainda no pré-natal, mas não é raro que desconheçam que o filho é portador de uma síndrome rara, por exemplo, até a hora do nascimento.

Da gestação ao parto, do parto à UTI, as notícias que chegam podem mudar o rumo esperado pelos pais. Entram em xeque as expectativas em torno da família idealizada, imagem construída ao longo da vida. O tempo que corre no setor comporta uma intensidade difícil de mensurar. Nas palavras de Mathelin (1999), "o real em todo seu horror conduz o jogo" (p. 67).

O CTIN pouco se assemelha ao ambiente familiar de um recém-nascido que vai para casa sem necessidade de cuidados intensivos. Muitos bebês ficam em incubadoras e não podem ser tocados pela família, tamanha a fragilidade. Difícil imaginar que um pai ou uma mãe precise de permissão da equipe para tocar o filho. Ainda que as profissionais[1] sejam sensíveis à importância do contato corpo a corpo do recém-nascido com o seu cuidador, existem situações em que de fato não é possível ultrapassar a barreira da incubadora. Está posto o desafio para a construção do vínculo cuidador-bebê na UTI neonatal.

A condição do acompanhante no CTIN é desafiadora, mas também precária. Uma parcela da experiência no setor revela a falta de

---

1 Usarei a palavra "profissionais" sempre no feminino em função da presença majoritária de mulheres na equipe multidisciplinar.

direitos para essa população, em sua maioria composta de mulheres. Existem políticas públicas voltadas às acompanhantes, como o Bilhete Único Mãe Paulistana e o transporte de saúde fornecido pelos municípios – muitas famílias são de outras cidades ou estados –, mas essas medidas não dão conta da complexidade das realidades vividas. A dificuldade não é apenas chegar fisicamente ao hospital. Algumas famílias deixam tudo: casa, emprego, filhos mais velhos e rede de apoio para acessar o tratamento. No entanto, mesmo com dificuldades, a maioria encontra soluções singulares para sustentar a permanência durante o tempo de internação.

Ainda que seja pungente a adversidade da internação, com seus desafios e precariedades, a ausência dos pais no setor se configura como enigma para a equipe multidisciplinar, em especial quando se trata da ausência da mãe. A equipe do CTIN constrói, coletiva e sistematicamente, uma demanda a partir do fluxo (alternância presença-ausência) das mães, que observa atentamente, mas quando faz isso, sobre o que realmente se interroga?

O enigma da ausência materna

A imagem do analista, "exposta aos quatro ventos" do hospital (Moretto, 2019a), fala da condição de "atravessamento" desse trabalho. Os pedidos que chegam são, geralmente, originários da equipe multidisciplinar, que percebe que algo pode "não andar bem" com determinada família e/ou bebê. Aqui, será falado sobre a ausência da mãe na internação como aspecto percebido com preocupação pelas profissionais e nomeado por elas nos momentos formais e informais de troca multidisciplinar.

Nas discussões formais (reunião multiprofissional semanal e *huddle*[2]), incontáveis são as vezes que se escuta sobre alguma "mãezinha

2 Reunião diária de curta duração realizada no início do dia entre as profissionais com o objetivo de gerenciar problemas pontuais relacionados ao setor e aos pacientes.

ótima", sempre ao lado do bebê, com a qual não era necessário se preocupar; outras mães, pouco ou nunca vistas pela equipe, acendiam um alerta de risco à constituição do vínculo mãe-bebê e ao desenvolvimento do paciente, o que quase sempre chega ao serviço de psicologia como pedido de atendimento à família.

É possível dizer que toda demanda formulada pelas profissionais em nome do paciente e de sua família dá notícias das inquietações coletivas da equipe, e não propriamente da família atendida. Aqui, considera-se o proposto por Moretto (2019b) a respeito da pertinência do endereçamento da demanda pela equipe:

> *Para nós, o chamado ao psicanalista sempre se justifica, em qualquer situação, uma vez que é por meio dele que as equipes de saúde, ao compartilharem conosco suas dúvidas diagnósticas a respeito dos sintomas, encontram meios para nos deixar claro, cada um ao seu modo, que elas não têm dúvida alguma com relação à legitimidade do sofrimento (p. 84).*

Quanto aos momentos informais de troca multidisciplinar, há dois exemplos. O primeiro se passa na copa, onde a equipe faz suas refeições e toma café. Ali surgiam espontaneamente conversas a respeito das famílias atendidas no setor. A escolha do tema no horário de descanso denuncia que o trabalho com as famílias desafia a paz das profissionais. Sob a prerrogativa do informal, o tom dos comentários era mais queixoso e hostil, por vezes moral. Nos momentos formais, o bebê é tomado como prioridade absoluta, reproduzindo o discurso oficial de proteção à infância, que aparentemente une profissionais e familiares em uma causa comum. Na copa, verbalizava-se um desejo de recusa de atenção às famílias consideradas mais "problemáticas" ou "trabalhosas", em um movimento de se distanciar de qualquer trabalho para além do cuidado básico com os bebês.

O segundo exemplo é um caso específico. A bebê em questão teve uma internação longa com desdobramentos judiciais pela necessidade de transfusão de sangue sem autorização familiar. Fui abordada diversas vezes por membros da equipe, curiosos e inquietos com o que teria a dizer uma mãe que "impede" o tratamento da própria filha. A mãe era "presente demais" e considerada equivocada pela equipe, pois estava todos os dias defendendo ante as profissionais que a filha não fosse transfundida. No dia em que o quadro da paciente piorou, a equipe ficou muito sensibilizada, e, na copa, as profissionais comentavam sobre como a família havia sido injusta com a bebê.

A partir desses dois exemplos, vê-se que não é a ausência física da mãe, no sentido literal, que é relevante para a equipe do CTIN – o segundo exemplo é justamente de uma mãe "muito" presente, considerada inadequada pela equipe. A questão principal é a ausência de uma presença específica, que corresponde à expectativa da equipe em relação a como as mães devem ser e o que devem querer.

Ainda que a equipe produza um discurso próprio sobre a mãe, ela insiste em endereçar ao analista uma dúvida a respeito do que pode se passar com ela. Essa ambiguidade revela o enigma diante da ausência materna, que é também o enigma em torno do que se passa com a maternidade – ou com o que se supõe dela – no contexto adverso da internação em uma UTI neonatal.

Vinheta clínica: Roberto e Carol[3]

> Carol era uma bebê de quase dois meses. Estava em uma incubadora porque não havia berços disponíveis. Clinicamente estável, precisava mamar e ganhar peso para receber alta. Em uma reunião multiprofissional, a equipe perguntou quem conhecia os pais de Carol. Eles não eram vistos no setor pelas enfermeiras e médicas, o que chamou atenção para

3 Nomes fictícios.

o caso. Sabia-se que a mãe havia pegado covid-19 e desenvolvido sintomas graves, a ponto de ficar internada logo após o nascimento da bebê. Foi levantada a hipótese de que a mãe teria ficado com sequelas da doença e impossibilitada de ir ao CTIN para ficar com a filha. O assunto voltou a se repetir em outra reunião, firmando a preocupação com o caso. Como a bebê estava bem, era importante definir o plano de amamentação necessário à alta, mas os pais nunca eram encontrados pela equipe. Verifiquei a folha de presença que fica sob supervisão dos seguranças do setor, e me chamou atenção que o nome do pai de Carol constava lá. Aparentemente, Roberto vinha com frequência ao hospital. Uma tarde, já no final do meu horário, uma enfermeira me avisou que ele estava no setor, ao lado da incubadora. Nesta altura, já estava encaminhado o pedido de atendimento à família pelo serviço de psicologia, reiterada a urgência da presença da mãe para discussão do plano de amamentação.

Ao lado da incubadora, encontrei um homem que olhava para a filha, distante. Roberto contou que nunca tinha pegado a bebê no colo, pois tinha medo de machucá-la. Durante o atendimento ele não se aproximou da incubadora, tampouco abriu as "portinhas" para tocar ou falar com a filha. Ao contrário da impressão passada pela incubadora, disse a ele que Carol não corria nenhum risco relacionado ao contato, e perguntei se gostaria de segurá-la naquele momento, mas ele logo negou. Continuou contando que visitava a bebê depois do expediente quase todos os dias. Costumava ficar por volta de 40 minutos e depois voltava para casa. Também conta que a esposa teve covid-19, mas estava bem, sem sequelas da doença. Ela não trabalha fora e estava em casa por conta do desconforto causado pela cesárea. Ao final, Roberto concordou em voltar a falar sobre segurar Carol com auxílio da equipe. Comuniquei às enfermeiras e elas se colocaram à disposição para ajudá-lo no dia seguinte, no horário combinado. Recebi, depois, a notícia de que ele não segurou a bebê, pois seguiu com receio, mesmo com o auxílio das profissionais. Após alguns dias a fonoaudióloga conseguiu atender a mãe, que passou a vir ao hospital e expressou que não gostaria de amamentar a bebê no seio. Carol seguiu tomando mamadeira por alguns dias e pôde ir para casa.

Se Roberto vinha ao setor quase todos os dias após o expediente, ele permaneceu invisível. Estaria a equipe preocupada com a ausência materna, exclusivamente? As profissionais imaginavam uma mãe adoecida, o que criou certa empatia com a situação da família, mas o motivo comunicado pelo pai foi outro.

A partir da vinheta, propõe-se traçar dois eixos: um focado na construção do ideal da presença das mães nas UTI neonatais; e outro, maior, focado nas contribuições da psicanálise quanto à função da mãe junto ao bebê (com destaque aos conceitos de *função materna*, *mãe suficientemente boa* e *preocupação materna primária*) e o conceito de *parentalidade*, abordado por Teperman, Garrafa e Iaconelli (2022/2023).

A construção da presença materna

É incontornável pensar a presença das mulheres no CTIN. As mães são as principais acompanhantes dos pacientes e as mulheres são maioria na equipe.

No Brasil, a presença dos pais nas UTI neonatais é garantida pelo Estatuto da Criança e do Adolescente (Lei n. 8.069/1990), mas entre 1923 – ano da criação do primeiro centro hospitalar para prematuros, nos Estados Unidos – e 1960, os bebês internados foram mantidos isolados da sociedade, inclusive dos pais (Klauss & Kennel, 1992).

Proponho que a construção do pressuposto de que os cuidadores, em especial as mães, devem acompanhar a internação do filho recém-nascido é correlata às mudanças que se desenrolaram principalmente no decorrer dos séculos XIX e XX, relacionadas ao lugar social da criança e a função da família e do Estado no seu cuidado. Se houve um tempo em que os bebês em situação grave eram recebidos nos hospitais para morrerem isolados de suas famílias, a complexidade das discussões entre a Equipe de Dor e Cuidados Paliativos e as famílias do CTIN acerca dos processos de fim de vida indica o lugar de absoluta importância ocupado pelo recém-nascido hoje.

Para Rizzini (2018), a criança tornou-se socialmente importante ao ser eleita objeto privilegiado para a construção de um projeto de Brasil, no século XIX. Daí viria a ideia de "criança como futuro da nação", que destaca a faceta econômica e moral da assistência a essa parcela da população.

A construção do lugar prioritário da criança caminhou lado a lado à consolidação da figura principal de seu cuidado, a mãe. Iaconelli (2023) bem pontua que, ainda no século XVIII, o cuidado com a prole se configurou como problema econômico e social em decorrência das sistemáticas negligências cometidas contra as crianças. A solução para a reintegração social das crianças abandonadas foi encontrada nas mães (Iaconelli, 2023), e o discurso pseudocientífico sobre o instinto materno passa a operar.

O modo sistemático como as crianças foram rejeitadas no decorrer dos séculos denuncia o fracasso, não pessoal, mas da própria concepção do amor materno instintual (Iaconelli, 2023) e do modelo centrado nas mulheres como única forma de lidar com a tarefa coletiva de criar filhos. Dito isso, deve-se pensar as mulheres em sua adequação/inadequação às demandas sociais sem incorrer em compreensões morais e individualizantes, que tantas vezes condicionam a assistência às famílias em seus diversos âmbitos, inclusive na saúde.

Segue sendo tarefa do analista desembaraçar "a função civilizatória da transmissão da cultura da função de manutenção de uma ordem específica que hierarquiza lugares" (Rosa, 2022a, p. 35). Em outras palavras, há de se atentar para a diferença entre cuidar dos processos que garantem a constituição subjetiva da criança e as exigências normativas quanto ao exercício da parentalidade.

O saber sobre a mãe

> *A psicanálise marca [...] sua peculiar posição no campo de estudos da parentalidade: ocupa um lugar de composição e de exterioridade. Como integrante do conjunto, oferece seu dizer e seu saber sobre o exercício das funções parentais, de caráter estrutural, para entender a constituição do sujeito na família e para além do universo pai-mãe-bebê. Em sua posição de exterioridade, presta-se a produzir aberturas onde o conhecimento instrumentalizante tende ao fechamento e à produção de ingerências sobre a criação de crianças (Teperman et al., 2022, p. 8).*

Seguiremos agora com um rastreio, que não se pretende total, das contribuições da psicanálise na composição dos saberes sobre o lugar da mãe junto à criança. É importante que, nesse percurso, já se vislumbre uma abertura: a posição de exterioridade da psicanálise.

Winnicott (1988) afirma que o "especialista" não deve ensinar às mães a maternidade, pois "seria uma pena fazer com que uma mulher se sentisse constrangida exatamente neste ponto em que ela está e age *naturalmente*" (p. 4). Reconhecer que a mãe possui um saber próprio, porém natural, toma a parentalidade como experiência dessubjetivada e solitária, enquanto se trata de um tema amplo que "abrange a produção de discursos e condições oferecidas pela geração anterior para que uma nova geração se constitua subjetivamente em uma determinada época" (Teperman et al., 2022, p. 7).

O conceito "mãe suficientemente boa" aparece na obra de Winnicott (1965) no contexto de compreensão do relacionamento mãe-bebê, mais especificamente no que diz respeito à função da mãe nas fases iniciais do desenvolvimento da criança. A mãe "suficientemente boa" é aquela que, caracterizada pela "preocupação materna primária" (1956) – estado de extrema sensibilidade e atenção direcionada ao filho durante a gravidez e até algumas semanas após o nascimento – oferece adaptação à necessidade do bebê, protegendo-o de invasões que possam ameaçar o seu "continuar a ser" (Winnicott, 1965). A "preocupação materna primária" seria uma espécie de doença temporária, importante e desejável, da qual a mãe deve ser capaz de se "curar" posteriormente.

> *Uma suficiência do "continuar a ser" só é possível no início, se a mãe se encontra nesse estado [preocupação materna primária] [...] Somente quando possui uma sensibilidade do tipo que estou descrevendo é que uma mãe pode sentir como se estivesse no lugar do bebê e deste modo responder às necessidades do bebê (Winnicott, 1965, p. 496).*

A "preocupação materna primária", ainda que não seja um conceito utilizado pelas profissionais, é desejável e incentivada pela equipe multidisciplinar do CTIN. Com a crença de que a mãe é cuidadora privilegiada, a equipe exige sua presença imediata e sem titubeios em nome da sobrevivência do filho. Nessa esteira, faz sentido conceber a ausência da mãe – ausência desta presença esperada – como extremamente arriscada, pois sem sua preocupação em relação ao recém-nascido, estaria em xeque o desenvolvimento saudável do bebê.

No complexo de Édipo, Freud e Lacan também destacam a figura da mãe como central nos primeiros momentos de vida. Ela é a "primeira", junto a quem a criança encontrará o "ponto de partida" da constituição psíquica (Faria, 2014). No entanto, essa posição não precisa ser ocupada necessariamente pela mãe.

Lacan (1969) contribui ao pensar que a "função da mãe" se constitui a partir do ponto "em que seus cuidados trazem a marca de um interesse particularizado, nem que seja por intermédio de suas próprias faltas" (p. 369). A esse interesse particular, Lacan (1969) chamou "desejo não anônimo". Somar a palavra "função" à palavra "mãe" ou "pai" pode indicar uma compreensão ampliada sobre a tarefa de introduzir as crianças na linguagem, pois sugere figuras que cumprem funções a partir de uma posição singular, e não uma mulher que é tomada naturalmente como mãe, por exemplo. Miranda Júnior (2020) bem pontua que "a noção de função [...] deriva da matemática – F(x) – e indica uma articulação na qual os elementos podem variar. Nesse sentido, implica que qualquer *falasser* pode ocupá-la" (p. 45). Há diferença, portanto, entre "função da mãe" e "função materna", pois esta última indica de maneira mais clara que a função é exercida pelo Outro primordial, figura marcada por um desejo "materno", e não necessariamente "da mãe" (Miranda Júnior, 2020).

No entanto, permitir que a função materna seja ocupada por figuras variadas não garante que as mulheres estejam imunes ao que ainda se impõe como tarefa feminina: a criação dos filhos. Dito isso, é desafiador e necessário discutir "a equivalência tão longamente idealizada de que na mulher-mãe existe um desejo preestabelecido" (Miranda Júnior, 2020, p. 40).

Se, em Lacan, a função materna se caracteriza pela disposição para se dedicar ao bebê de um lugar não anônimo, ela também seria marcada pelas adversidades de cada sujeito e suas faltas. Freud (1920) ilustra como a falta do Outro Primordial pode ser simbolizada pela criança ao descrever um menino quando se torna capaz de elaborar a ausência da figura materna, o que faz a partir de uma brincadeira (Fort-Da) na qual lança um objeto para longe e depois o recolhe para perto, repetidamente. A brincadeira dá pistas do caráter constitutivo que a alternância presença-ausência do cuidador pode cumprir, pois é a partir dela que a frustração em torno da falta poderá ser simbolizada pela criança, adquirindo o estatuto simbólico que permitirá a constituição de um sujeito.

A contribuição freudiana serve como provocação à ideia de que existe risco ao estabelecimento do vínculo cuidador-bebê quando a mãe se ausenta na internação. Considerar as "faltas" maternas por outro ângulo pode ser um passo adiante no trabalho com as famílias.

Pois a "ausência" só é arriscada ou faltosa quando sugere que não há onde antes tinha ou deveria ter. Mas o que se imagina que deveria ter? Ou o que se imagina que já existia?

Do exposto por Freud, destaca-se a importante diferença entre "risco" e "desafio" à constituição da criança. São muitas as especificidades do CTIN que, como visto, pode configurar desafios às primeiras aproximações cuidador-bebê, mas supor de imediato a existência de um "risco" parece desconsiderar que o trabalho psíquico, tanto da criança, quanto dos cuidadores, acontece em um tempo próprio.

O saber da mãe

Iaconelli (2013) propõe que o conhecimento materno é fruto da aprendizagem não formal, construída a partir das experiências sociais de cada sujeito. Assim, não é o especialista quem ensina a mãe a ser mãe. Certamente ele não deve fazê-lo, no sentido ético do seu trabalho, como defende Winnicott (1988), mas Iaconelli (2013) parece chamar atenção para o fato de que, mesmo se assim quisesse, o especialista jamais poderia. Ainda que mostre ao cuidador como segurar o recém-nascido ou qual a melhor maneira de amamentar, o conhecimento materno não se trata disso, pois está relacionado às singularidades de cada sujeito e seus marcos identificatórios.

A prematuridade do bebê também é vivida pela família, e é preciso tempo para que seus membros se recuperem da experiência do nascimento prematuro e possam se voltar ao recém-nascido (Gomes, 2001b). Muitas vezes é necessário intervenção profissional para que os primeiros momentos dos cuidadores com o bebê possam acontecer – não como decorrência natural do pós-parto, mas como tarefa que será por eles construída.

Se ser "mãe" ou "pai" implica uma reorganização existencial (Garrafa, 2022), no contexto do CTIN essa passagem é ainda radicalizada pela gravidade do estado de saúde dos bebês e pela perspectiva da criação de um filho com uma condição grave e crônica de saúde ou, ainda, com baixa expectativa de vida. Garrafa (2022) lembra que a parentalidade sempre implica o paradigma da adoção e salienta o caráter de "vacilação" que esse passo comporta.

É verdade que a ausência dos cuidadores no setor não é sem consequências para a criança, mas "a pressa que conduz ao ato de entrada na posição parental concerne apenas àquele que dá esse passo" (Garrafa, 2022, p. 68), sendo necessário que a equipe acolha o que se passa nesse momento sem apelo ao discurso da urgência e do risco ao desenvolvimento do bebê.

Se "os laços que uma geração estabelece para ser capaz de reproduzir corpos e, principalmente sujeitos, implica ir muito além do que se passa entre uma mãe e seu rebento, sem, no entanto, minimizar a importância dos laços fundamentais na relação um a um" (Iaconelli, 2022, p. 13), então não há neutralidade na equipe multidisciplinar. Estamos convocados a nos reconhecer como parte da geração que "recebe" aqueles que nascem, ao lado dos seus cuidadores principais. A experiência de cada família sempre será única, e, por isso mesmo, repleta de saber, ponto a partir do qual cada sujeito poderá tornar-se *um* cuidador.

O analista, a equipe e a demanda

A questão da avaliação psicológica – embutida na demanda endereçada ao analista pela equipe – pode ser separada em duas vertentes, uma clínica e outra institucional, relacionada ao exercício da interdisciplinaridade (Moretto, 2019b). Retomemos o caso de Carol a partir da segunda vertente.

A equipe se pergunta sobre a ausência da mãe da bebê e pede ao analista que entenda o que se passa com a família, indicando a urgência para que a bebê mame e possa ir para casa. O que o analista pode fazer com isso?

Reconhecendo que a equipe se posiciona quando elabora e endereça um pedido em nome do bebê e seus pais, o trabalho do analista não pode ser o de responder ao pedido acriticamente, tratando a angústia das profissionais com o imediato oferecimento de um diagnóstico "psi" sobre a mãe (Moretto, 2019b).

A condição temporal da UTI, marcada pela urgência, reverbera no analista através dos pedidos que exigem dele ação imediata. Configura-se então um dilema: o analista pertence à equipe, na qual a maioria opera sob o regime do corpo que precisa ser "salvo", e, ao mesmo tempo, quer se posicionar como exterior a ela, a fim de favorecer o tempo subjetivo de cada paciente e família.

Garrafa (2022) diz que algo sempre vacila na entrada na posição parental. Sustentar, como equipe, as incertezas desse momento, é permitir que um outro tempo conviva na UTI neonatal, sem que se tenha que excluir a urgência – o que seria irresponsável.

O trabalho do analista talvez seja contribuir para revelar que o tempo do sujeito coexiste ao tempo da sobrevivência. Para que isso seja possível, considerando a presença majoritária das mães como cuidadoras principais, é preciso rever o que se espera delas, socialmente e como equipe. Pois parece ser nas exigências das profissionais em relação às mães do CTIN que se desenha, paradoxalmente, uma abertura para pensar e falar sobre o lugar da subjetividade no setor e sua relevância para o trabalho da equipe multidisciplinar com as famílias.

É pela via institucional da resposta do analista à demanda que se firma a posição ética da psicanálise no campo. Daí se conclui com Moretto (2019b) que, às vezes, o que o psicanalista pode fazer de melhor é justamente não responder ao que a equipe pede, ainda que possa compartilhar aquilo que considera relevante sobre o caso – e muitas vezes é isso que colocará em xeque os discursos, criando questões e propondo aberturas para pensar cada caso.

No caso de Carol, foi relevante devolver à equipe que o pai vinha ao setor e tinha uma demanda própria relacionada ao receio de se aproximar da filha prematura. Essa demanda certamente direciona o trabalho clínico do analista, mas serve a todas as profissionais, pois elas poderiam auxiliá-lo em seu desafio a partir das suas especialidades: uma enfermeira que se propõe a explicar os cuidados na hora de pegar a bebê, ou uma fonoaudióloga que convoca o pai para participar da mamada. Mais uma vez, ser cuidador não é saber segurar a criança no colo, mas talvez por alguma dessas vias teria sido possível acompanhar Roberto em seu desafio junto à filha.

Miranda Júnior (2020) aponta que "pouco se tem elaborado no campo da psicanálise sobre o desejo de ter filhos que atravessa o homem" (p. 48), tarefa da qual é preciso se aproximar para que seja possível vislumbrar, ao lado das famílias, possibilidades para além do modelo normativo, segundo o qual a melhor versão da vida começa e se determina na privacidade mãe-bebê, necessariamente.

O analista, então, trabalha ao esgarçar o tempo de urgência exigido no CTIN à entrada na posição parental sem conflitos; ao questionar a equivalência imediata que a equipe faz entre os conflitos subjetivos e o que pode ser "arriscado"; trabalha para que haja espaço temporal para a subjetividade de cada família; para que se dê a entrada do pai ou outro cuidador que se ofereça a partir de um desejo não anônimo. Pois se os bebês são a prioridade do serviço neonatal, é em tudo que constitui sua singular história que podemos apostar.

O que fica do caso de Carol é o questionamento a respeito do olhar da equipe multidisciplinar, tão assíduo em relação à ausência da mãe; tão distraído no que se refere a presença do pai.

Retomar as raízes históricas e sociais da centralidade das mulheres enquanto responsáveis pelo cuidado com as crianças permite enxergar que a equivalência mulher-mãe extrapola a compreensão biológica dos corpos, produzindo diversas convenções que assumem no cotidiano da prática institucional um discurso moral, que dificulta às profissionais do CTIN descolar suas próprias demandas do atendimento às famílias. A psicanálise contribui para a construção de um saber sobre a função da mãe junto ao filho, que tantas vezes flerta com a naturalização do exercício da parentalidade por mulheres. Por outro lado e ao mesmo tempo, autoras contemporâneas acenam para novas compreensões sobre o tema, fazendo cumprir o compromisso de "sustentar a perda da ilusão e do gozo de usufruir acriticamente da cultura recebida, convicto de que ela garante a proteção de todos, negando a presença cotidiana da violência" (Rosa, 2022b, p. 8).

A psicanálise, em sua posição de exterioridade ao tema da parentalidade, permite atuar na aposta defendida aqui: a mãe não é obrigatoriamente figura privilegiada para ocupar a função do Outro Primordial no cuidado com o bebê. Independentemente de quem venha a ser o cuidador principal, a entrada na posição parental nunca será sem conflitos. O vacilo, a alternância e as "faltas" diante do bebê são inerentes à parentalidade. Talvez não exista outra forma de tornar-se o Outro de alguém que não seja pela via tortuosa de construir algo próprio em meio às brechas que toda norma comporta.

Referências

Brasil. Lei n. 8.069, de 13 de julho de 1990. Dispõe sobre o Estatuto da Criança e do Adolescente e dá outras providências. Presidência da República. Disponível em: http://www.planalto.gov.br/ccivil_03/LEIS/L8069.htm. Acesso em: 4 de fev. de 2024.

Faria, M. R. (Org.). (2014). Lacan com Freud. In *Constituição do sujeito e estrutura familiar: o complexo de Édipo de Freud a Lacan* (pp. 43-86). Cabral Universitária.

Freud, S (Org.). (2010). Além do princípio do prazer. In *Obras completas.* História de uma neurose infantil ("o homem dos lobos"), além do princípio do prazer e outros textos (1917-1920) (Vol. 14, pp.120-178). Companhia das Letras.

Garrafa, T. (2022). Primeiros tempos da parentalidade. In D. Teperman, T. Garrafa, & V. Iaconelli. *Parentalidade* (pp. 55-69). Autêntica.

Gomes, A. L. H. (2001a). *As especificidades do vínculo da mãe com o bebê pré-termo na situação de internação.* (Dissertação de Mestrado, Instituto de Psicologia, Universidade de São Paulo).

Gomes, A. L. H. (2001b). Vínculo mãe-bebê pré-termo: as possibilidades de interlocução na situação de internação do bebê. *Estilos Clin São Paulo, 6*(10), 89-100. http://pepsic.bvsalud.org/scielo.php?script=sci_arttext&pid=S1415-71282001000100008&lng=pt&nrm=iso.

Iaconelli, V. (2013). *Mal-estar na maternidade: do infanticídio à função materna.* (Dissertação de Doutorado, Instituto de Psicologia, Universidade de São Paulo).

Iaconelli, V. (2023). *Manifesto antimaternalista: psicanálise e políticas da reprodução.* Zahar.

Iaconelli, V. (2022). Sobre as origens: muito além da mãe. In D. Teperman, T. Garrafa, & V. Iaconelli. *Parentalidade.* Autêntica. p.11-20.

Klaus, M. H., & Kennel, J. H. (Orgs.). (1992). Atendimento para os pais de bebês prematuros ou doentes. In *Pais, bebê, a formação do apego* (pp. 170-245). Artes Médicas.

Lacan, J. (2003). Nota sobre a criança. In *Outros escritos* (pp. 369-370). Jorge Zahar. (Trabalho original publicado em 1969).

Mathelin, C. (1999). *O sorriso da Gioconda: clínica psicanalítica com os bebês prematuros.* Companhia de Freud.

Miranda Júnior, H. C. (2020). O exercício da Função Materna e o semblante mulher na tábua da sexuação de Lacan. *Tempo Psicanal Rio de Janeiro* 52(1), 38-60, jun. http://

pepsic.bvsalud.org/scielo.php?script=sci_arttext&pid=S0101-48382020000100002&lng=pt&nrm=iso.

Moretto, M. L. T. (2019b). *Abordagem psicanalítica do sofrimento nas instituições de saúde*. Zagodoni.

Moretto, M. L. T. (2019a). *O que pode um analista no hospital*. Artesã.

Rizzini, I. (2018). *O século perdido: raízes históricas das políticas públicas para a infância no Brasil*. Cortez.

Rosa, M D. (2022a). Passa anel: famílias, transmissão e tradição. In D. Teperman, T. Garrafa, & V. Iaconelli. *Parentalidade* (pp. 23-37). Autêntica.

Rosa, M. D. (2022b). Sofrimento sociopolítico, silenciamento e a clínica psicanalítica. *Psicologia: Ciência e Profissão, 42*, 1-10. https://doi.org/10.1590/1982-3703003242179.

Teperman, D., Garrafa, T., & Iaconelli, V. (Orgs.). (2022). *Parentalidade*. Autêntica.

Winnicott, D. (1988). *Os bebês e suas mães*. Martins Fontes.

Winnicott, D. (1956). Preocupação materna primária. In *Textos selecionados: da pediatria à psicanálise* (pp. 491-498). Francisco Alves, 1988.

SEGUNDA PARTE

As intervenções da equipe multiprofissional na UTI neonatal

6. A chegada dos pais na UTI neonatal: acolhimento da enfermagem

Ariela Oliveira Albuquerque Domingues

O sofrimento humano só é intolerável quando ninguém cuida.

Cicely Saunders

Um Centro de Terapia Intensiva Neonatal (CTIN) é uma unidade em que são atendidos recém-nascidos (RN) clinicamente doentes, que precisam de cuidados especializados.

Apesar dos grandes avanços tecnológicos e da humanização nesses setores, ainda existe grande dificuldade para que os pais possam estabelecer um vínculo com seus bebês, principalmente nos primeiros dias de vida. Esse ambiente muitas vezes afasta os familiares por conta de procedimentos invasivos e limitações físicas que acontecem em razão de um controle rigoroso relacionado à gravidade dos problemas tratados.

Os monitores, ventiladores, incubadoras, bombas de infusão são aparelhos que, por segurança, apitam se houver qualquer alteração em seu funcionamento e por ser sua função alertar os profissionais sobre qualquer problema em relação ao estado clínico do bebê. Ou seja, apitam grande parte do tempo.

Quando uma gravidez se inicia, expectativas são criadas diante da própria gestação, do nascimento e dos primeiros momentos com o bebê. Entretanto, o ciclo de desenvolvimento fetal é marcado por transformações constantes e significativas e, em meio a esse processo, podem ocorrer intercorrências que levam o bebê a precisar de internação no CTIN.

Diante dessa situação, os pais sentem que tudo está fora do seu controle e se encontram diante de um bebê que escapa totalmente ao seu entendimento e que não conseguem cuidar, precisando que outros o façam, uma vez que não dispõem de conhecimentos e habilidades necessárias para se encarregar de seu filho. Têm dúvidas se irão conseguir chegar ao outro lado, quando, ou até mesmo se irão levar seu filho para casa, pois estão presos no meio de uma tempestade.

O cotidiano desse setor é muito exaustivo, há muita instabilidade e desafios para todos os envolvidos: bebê, pais e equipe de saúde. As palavras da autora Bruna Aflalo (2023)[1] ressaltam essa situação: "Para uma mãe de UTI, deixar-se consumir pela tristeza não é uma opção. Ou ficamos fortes ou ficamos fortes. É duro, é injusto, mas é isso" (Aflalo, 2023, p. 72).

***

O CTIN é um ambiente monitorado 24 horas por profissionais de saúde aptos a oferecer condições para a sobrevivência e a evolução do neonato, mas ainda assim é inóspito e desafiador no que diz respeito à possibilidade de estabelecimento de vínculos e o contato pele a pele, tão importantes para o desenvolvimento do bebê.

Ao nascimento, os bebês são levados para longe dos pais, muitas vezes tendo sua vida em risco, e há incerteza de vê-los novamente com vida. Na primeira visita, os pais se deparam com um ambiente repleto de sons, expressões técnicas utilizadas pelos profissionais da saúde, imagens e odores que podem causar desconforto para as famílias. O contato pele a pele no momento do nascimento não é possível,

1 O livro *Aos seus pulmões*, de Bruna Aflalo, descreve a visão dos pais de uma criança gravemente enferma e a rotina da família dentro de uma UTI.

e os pais assistem a seu bebê sendo levado em uma incubadora de transporte para o CTIN.

Na primeira visita eles se deparam com seu bebê dentro de uma incubadora, algumas vezes embaçada pelo uso da umidificação, o que dificulta ainda mais ver o bebê. Nesse primeiro momento não se pode trocar a fralda, dar colo ou aconchegar. Alguns pais sentem até medo de tocar no bebê, que está perdido entre tubos e fios, que ajudam a mantê-lo vivo.

Para o bebê, as manipulações constantes da equipe de saúde, os ruídos intensos, as mudanças de temperatura, as interrupções do sono, entre outras situações, podem gerar desconforto, dor e sobrecarga sensorial, aumentando os riscos de morbidade e mortalidade neonatal.

Ao se considerar esses aspectos, o cenário intensivo torna-se um ambiente estressante para todos os envolvidos. Nesse setor é preciso considerar que há risco iminente de morte, exigindo procedimentos complexos e respostas adequadas em tempo hábil, o que acaba sendo uma atividade muito exigente para os profissionais, podendo fazer com que eles apresentem comportamentos mecanizados como uma forma de proteção contra a angústia vivida.

Nesse cotidiano da UTI neonatal, a equipe de enfermagem assume a linha de frente no que diz respeito aos cuidados com os bebês e suas famílias e, em muitos momentos, se torna complexo lidar com tanto sofrimento. Nesse sentido, expõe-se a fala de uma mãe que viveu essa experiência:

> *O sofrimento de uma doía em todas as outras. A cada vez que uma criança partia, meu coração doía pelo sofrimento daquela mãe e sangrava de medo ao imaginar que, em algum momento, eu seria aquela mãe. Meu coração ainda sangra ao pensar nisso, e, muitas vezes, o medo e o pavor são inevitáveis (Aflalo, 2023, p. 71).*

Assistência humanizada

Hoje, muito se fala sobre assistência humanizada, mas o que de fato é isso? O termo humanizar, no sentido literal da palavra, significa *tornar humano, dar condição humana e, ainda mais, tornar-se benévolo, afável, tratável* (Ferreira, 2009).

No CTIN, é primordial trabalhar com aspectos relacionados à humanização, e os profissionais envolvidos nessa etapa têm extrema importância para viabilizar isso, necessitando de capacitação constante (Silva et al., 2022).

Causa estranheza dizer que é necessário humanizar ações humanas, mas a verdade é que muitas vezes é fácil se distanciar das ações, colocar os sentimentos dentro de uma caixinha trancada a sete chaves, formar uma barreira interna e ligar o piloto automático. Acaba sendo mais cômodo fazer apenas o que é tecnicamente correto, focar na assistência ao paciente e tratar a doença, mas é fundamental realizar um cuidado que contemple as particularidades do indivíduo que está doente e da família que o acompanha.

A humanização no CTIN visa a diminuir os agentes estressores para o RN e sua família, o que repercutirá positivamente no desenvolvimento, no crescimento e na sua sobrevida. Algumas iniciativas já foram criadas ao redor do mundo com o objetivo de reduzir os agentes estressores e beneficiar o desenvolvimento do RN: método canguru, redes de balanço, ninho e *octopus* (polvos de crochê criados na Dinamarca em 2013). Tais iniciativas ainda são pouco utilizadas e necessitam de maior estímulo, com a criação de protocolos institucionais que auxiliem e incentivem sua correta execução (Silva et al., 2022).

Desde a década de 1980 se estuda sobre a importância de incluir a família nos cuidados com o bebê, e percebeu-se o efeito benéfico da presença e participação dos pais no cuidado ao RN, pois proporciona um ambiente mais acolhedor; quando o manejo é executado por eles, o vínculo é potencializado (Silva et al., 2022).

Família como corresponsáveis pelo cuidado

A filosofia do cuidado centrado na família requer uma equipe que não foque apenas na clínica, mas também nas necessidades sociais, emocionais e afetivas do paciente e sua família. Na perspectiva desse cuidado é necessário dar voz à família, tornar possível o acesso ao paciente e a sua família, a realização dos cuidados. Na medida do possível, fornecer informações claras e confiáveis, viabilizar a escolha e flexibilidade em relação aos cuidados prestados, autonomia das pessoas envolvidas no cuidado, colaboração e suporte em todas as fases da assistência. É necessário compreender que os pais não são visitas ao RN, e sim corresponsáveis pelo cuidado.

Esse tipo de atenção traz diversos benefícios: redução do tempo de hospitalização e do número de reinternações, melhor desenvolvimento neurológico, fortalecimento do vínculo familiar, redução da dor e da necessidade de analgesia farmacológica, e impacto positivo no desenvolvimento cognitivo a longo prazo. Na família também é possível observar melhora no bem-estar emocional, adaptação à condição, independência e senso de controle, além da autocompreensão das habilidades necessárias para o cuidado após a alta médica (Fonseca et al., 2020).

Tudo isso exige profissionais que tenham paciência e competência para lidar com os familiares e que os vejam como aliados. Capacitar a família para que consiga prestar os cuidados necessários ao RN, sob supervisão constante da equipe de enfermagem para garantir a segurança da assistência, deve ser o objetivo de todos os profissionais de saúde envolvidos no cuidado.

Essa prática viabiliza uma programação de alta mais tranquila para os pais, uma vez que eles se sentem mais seguros e aptos a realizar os cuidados fora do ambiente hospitalar.

Acolhimento da enfermagem

Acolhimento, segundo a Política Nacional de Humanização (PNH, 2013), fala sobre reconhecer as necessidades singulares de cada indivíduo, sustentando a relação entre o profissional de saúde e o paciente com a finalidade de propiciar apoio, empatia e escuta ativa, levando a uma assistência integral que crie vínculos e compromissos.

Em nossa unidade, algumas medidas são realizadas para o acolhimento do RN com o objetivo de reduzir os estressores do ambiente. Desde sua chegada é necessário realizar um posicionamento adequado do RN, de maneira fisiológica e proporcionando um ambiente o mais semelhante possível ao uterino. Para isso, utilizam-se coxins subescapulares e ninho em volta do bebê, mantendo assim as vias aéreas pérvias, além de contribuir para o sono, uma vez que reduz o tempo de vigília e o choro e favorece o desenvolvimento postural (Soares & Santos, 2020).

Em algumas unidades, o uso da rede de descanso também é comum. No Brasil, um estudo realizado no Paraná evidenciou que o uso de rede de descanso foi associado a menos dor e melhor estado de vigília do sono quando comparados ao posicionamento tradicional (Ribas, 2019).

Há ainda a preocupação com a redução de ruídos e luminosidade na unidade, visto que estudos demonstram que a exposição a níveis de ruído acima de 55 dB pode interferir no desenvolvimento neurológico do neonato, principalmente o prematuro, e alterar suas respostas fisiológicas (Carvalhais et al., 2015; Gomes et al., 2019).

No ambiente uterino, o feto fica em um ambiente com praticamente nenhuma luminosidade; ao chegar na unidade neonatal, a luz forte e contínua é um potencial fator estressante. Pensando nisso, em nossa unidade, utiliza-se um lençol para cobrir parcialmente a incubadora e reduzir a exposição do RN. Quando a luz é reduzida, favorece o descanso, aumenta os períodos de sono, melhora os padrões de irritabilidade da criança, diminui a atividade motora, a frequência cardíaca e a variação da pressão arterial, melhora a nutrição e aumenta o ganho de peso (Lemos et al., 2022).

Em RN prematuros existe ainda o protocolo de manipulação mínima utilizado em muitas unidades neonatais e aplicado por toda equipe multiprofissional, com o objetivo de reduzir os danos decorrentes da manipulação excessiva. Esse protocolo é pautado em cuidados neuroprotetores e pode ser ajustado à realidade de cada instituição, mas, em geral, engloba o agrupamento dos cuidados e procedimentos a serem realizados no mesmo horário pelos integrantes da equipe, redução de estímulos externos e posicionamento adequado (Vieira et al., 2024).

Em nossa unidade, foi criado o horário do "psiu" – em um período do dia, por 2 horas, ninguém da equipe pode manipular o RN, a menos, é claro, que ocorra alguma intercorrência ou instabilidade que necessite de intervenção imediata. Nesse período, a iluminação na unidade é reduzida e o bebê consegue estabelecer um período de descanso contínuo, sem interrupções ou manipulações. Todas essas medidas podem auxiliar a tornar o ambiente do CTIN mais acolhedor para o RN.

A primeira visita ao bebê no CTIN costuma ser um momento de grande tensão, considerando toda a incerteza sobre prognóstico, tratamento e necessidade de intervenções. Nesse primeiro momento, o acolhimento aos pais tem extrema importância – explicar sobre a rotina da unidade e os dispositivos presentes no RN, responder aos questionamentos e compreender as incertezas da família são essenciais para o estabelecimento de um vínculo que facilitará o relacionamento entre as partes no decorrer dos próximos dias ou até meses de internação.

É importante também considerar que, nesse momento, o familiar não conhece os termos técnicos próprios do ambiente da UTI (nome dos dispositivos ou sua função, por exemplo), então, é fundamental utilizar termos e expressões mais simples.

Sugestões de frases que podem explicar intervenções às quais os bebês são submetidos:

"O paciente está entubado"	"Você está vendo esse tubo mais grosso na boca dele? Esse tubo está ajudando-o a respirar, mandando ar direto para os pulmões dele."
"Foi passado um cateter umbilical"	"Vamos utilizar esse fio no umbigo para mandar a nutrição pela veia e todos os medicamentos que ele precisar nesses primeiros dias."
"Ele está recebendo dieta enteral"	"Esse tubo na boca dele vai mandar leite direto para o estômago dele enquanto não pode mamar."
"Foi passado um PICC"	"Vamos utilizar esse fio no braço/perna para mandar a nutrição pela veia e todos os medicamentos que ele precisar."
"Ele começou a fototerapia porque está com icterícia, que é o acúmulo de bilirrubina na pele"	"Ele começou o banho de luz porque está com icterícia, esse amarelinho na pele, pois o corpo ainda está se adaptando à vida fora da barriga e a ter que trabalhar por conta própria."
"Ele vai precisar ficar na incubadora por um tempo"	"Ele está dentro de uma incubadora que vai mantê-lo aquecido mesmo sem roupa, além de permitir que a equipe fique de olho e preste todos os cuidados necessários, assim não corremos o risco de ele perder temperatura facilmente."
"Ele está no CPAP"	"Está vendo os caninhos no nariz dele? Eles estão mandando ar para os pulmões dele com uma pressão aumentada. É uma ajuda para ele conseguir respirar."
"Ele vai começar a NPT"	"Ele ainda não consegue se alimentar o suficiente por boca/sonda. Enquanto isso, vai receber nutrição pela veia, que vai mandar todas as calorias e nutrientes que ele precisa."

CPAP: pressão positiva contínua nas vias aéreas. NPT: nutrição parenteral total.

Estes são apenas alguns exemplos que podem ser adaptados a cada realidade. O importante é pensar que se está descrevendo algo para alguém que provavelmente nunca vivenciou isso; assim, é indispensável ser claro, utilizando um linguajar simples. Durante a conversa com os pais é importante aprofundar as questões conforme as dúvidas surgirem.

A importância da comunicação

A comunicação é definida como troca de informação entre pessoas, o que pode ser feito de maneira verbal e não verbal. Dentro desse setor, é possível perceber que, para que a comunicação aconteça, é necessário não só transmitir a informação a respeito do estado clínico do bebê, mas também entender os medos e as preocupações dos pais para que essa transmissão seja mais efetiva.

Sabe-se que um dos maiores desafios dos pais é a compreensão das informações transmitidas e, algumas vezes, a falta ou dificuldade de acesso a elas. O acolhimento dos pais e a oportunidade de receber informação deve ser uma prática diária dos diversos profissionais que atendem o bebê e suas famílias.

Muitas vezes, o acesso aos esclarecimentos por parte da equipe médica pode ser difícil em razão da rotina intensa do CTIN, ainda mais quando se trata de hospitais públicos, que pode haver escassez de profissionais e sobrecarga da equipe. É fato que informações sobre prognóstico, tratamento e resultado de exames necessitam ser tratadas com a equipe médica. Contudo, na dificuldade de acesso ao médico, a equipe de enfermagem pode conversar com os pais a respeito de suas questões, pois muitas vezes eles querem saber como seu filho passou o dia/noite.

Podemos citar algumas abordagens a serem utilizadas na rotina da UTI neonatal:

> Bom dia, sra., meu nome é Ariela, sou a enfermeira que está cuidando do seu bebê hoje. Ele passou a noite bem, sem agitação ou choros frequentes. Ele ainda está recebendo o antibiótico e 20 mL de dieta pela sonda e está aceitando bem, estamos orgulhosas dele. É importante que você e o pai conversem com ele. Por enquanto eu só consigo te passar essas informações, mas vou procurar algum médico que consiga te dar mais detalhes.

Ou caso tenha acontecido algo diferente, também é possível falar de uma maneira que não assuste:

> Bom dia, sra., meu nome é Ariela, sou a enfermeira que está cuidando do seu bebê hoje. Ele não passou a noite muito bem, mas agora pela manhã ficou mais calmo. Ele ainda está recebendo antibiótico e 20 mL de dieta pela sonda. Agora cedo ele vomitou um pouco, mas isso também pode acontecer; ele ainda está se adaptando à alimentação e vamos ficar de olho nele. É importante que conversem com ele. Por enquanto eu só consigo te passar essas informações, mas vou procurar algum médico que possa te dar mais detalhes.

A sutileza na forma de abordar os temas viabiliza que, mesmo não tratando dos detalhes clínicos, seja possível informar os pais sobre o que aconteceu com o bebê nesse tempo em que se ausentaram do setor. Nos casos em que a situação não está indo tão bem, reforçar a importância deles, apontando que a evolução também depende do bebê.

Outro aspecto de extrema importância é que para reforçar o vínculo é importante chamar os pais e o bebê pelo nome. Sempre que se conversa pela primeira vez é importante perguntar o nome dos pais e do bebê. Em nossa unidade neonatal é costume colocar o nome dos pais na placa de identificação do leito e o nome do bebê em uma placa no berço ou incubadora.

Um estudo de Gaiva e Scochi (2002) observou as interações em uma UTI neonatal de Cuiabá, MT, em vários momentos, e observou que, quando a equipe se dirigia aos pais, tratava-os como "mãe" e "pai", raramente os chamando pelo nome. Pensando no processo de comunicação, isso despersonaliza tudo por meio da palavra mãe, pois desconsidera a individualidade, como se fosse apenas mais uma mãe.

> *Abro aqui um parêntese para dizer que não sou de odiar muitas coisas na vida, mas odeio com todas as minhas*

> *forças o diminutivo mãezinha usado nos hospitais. Odeio. Meu nome é Bruna! Deixei isso bem claro algumas vezes, a maioria delas em situações em que profissionais da saúde tentaram diminuir minha autoridade como mãe e também meu conhecimento sobre a minha filha" (Aflalo, 2023, p. 50).*

Sabe-se que muitas vezes o profissional usa essas expressões tentando ser gentil ou simpático, mas isso acaba distanciando a equipe dos pais. Ao chamá-los pelo nome, aquela família é trazida para perto do profissional, que demonstra se importar genuinamente com os pais, enxergá-los, respeitando sua história como única.

No estudo citado constatou-se a necessidade da mãe de conversar com outros membros da equipe para entender as informações dadas pelo médico e esclarecer suas dúvidas sobre o estado de saúde e riscos de seu filho.

Normalmente, a conversa dos médicos com os pais é acompanhada de muitas interrogações, um balançar de cabeça em concordância com tudo que está sendo dito, mas que não condiz com o que os olhos perdidos transparecem.

Certa vez, uma médica em conversa com os pais sobre a doença de seu filho, para dizer que não seria possível um tratamento cirúrgico, explicou que o melhor a ser feito naquele momento era entrar em cuidados paliativos (isso em meio a diversos termos técnicos e explicações sobre a gravidade da doença do RN). Ao término da conversa, percebi que os pais estavam angustiados e quando me aproximei, perguntei aos pais:

> — O senhor entendeu o que a médica explicou?
>
> — Eu acho que sim.

— Você tem alguma dúvida que queira conversar? Eu posso chamá-la novamente, se precisar.

— **Eu só queria saber se ele está sentindo dor**.

Parece algo tão simples, não é mesmo? Em meio a todo o diagnóstico, tratamento ou impossibilidade, os pais apenas querem saber se seus filhos estão bem, se sentem dor, e muitas vezes o básico é deixado em segundo plano.

Naquele momento mostrei ao pai que o bebê estava recebendo uma sedação que também agia como analgesia e que durante toda a manhã seu filho dormira sereno. O pai agradeceu e disse que ia para casa tranquilo, por saber que apesar da tristeza de tudo que estava acontecendo, naquele lugar havia pessoas que se importavam com seu filho e estavam cuidando da melhor forma possível. Estava claro que naquele momento não havia nenhum tratamento que a equipe médica pudesse fazer para curar a doença, mas sempre há o que fazer pela pessoa que tem a doença e sua família.

O médico muitas vezes conhece pouco da história das famílias e dos bebês; falam a respeito da doença enquanto a família quer saber mais sobre seus filhos. A relação entre os profissionais e os pais ainda é assimétrica, tornando difícil o questionamento; nesse sentido, acabam não conseguindo exteriorizar suas aflições em relação ao filho, o que é possível perceber pelos seus movimentos corporais (balançando a cabeça afirmativa ou negativamente), sem sequer manifestar dúvidas ou discordâncias. Muitas vezes, diante da impossibilidade de conversar mais com os médicos, eles acabam buscando esclarecer suas dúvidas com aqueles que estão em uma relação mais próxima, em geral alguém da equipe de enfermagem.

Cabe à equipe de saúde oferecer o melhor cuidado possível para essas famílias e seus bebês, conforme as suas necessidades e capacidade de enfrentamento.

No cotidiano desse trabalho é importante acolher e esclarecer as dúvidas e aflições que surgem desde o momento em que as famílias adentram o setor e muitas vezes até antes do bebê nascer, quando são acompanhados em um pré-natal de risco; é imprescindível a criação de vínculos que permitam uma relação de confiança entre as partes.

Assim, é necessário se adaptar e aprender a lidar com uma ampla gama de situações que se colocam como muito desafiadoras, tanto para as famílias quanto para a equipe de saúde. Nem sempre os pais terão todas as dúvidas sanadas pela equipe médica; muitas vezes, são os profissionais da saúde que passam a maior parte do tempo à beira-leito que irão ajudá-los a compreender melhor a situação, mesmo porque, muitas vezes, as dúvidas não são sobre a fisiopatologia da doença, e sim uma necessidade de conversar mais a respeito das particularidades do seu filho.

A visão dos pais

As internações podem durar dias, meses e até anos, sem perspectiva de cura ou evolução. Alguém consegue imaginar o que é isso? A profundidade da incerteza que esses pais sentem?

> *É como se, a cada vez que furam a Alice ou que ela faz esforço para que o ar entre em seus pulmões, eu perdesse um novo pedaço de mim. O mundo, antes colorido pelos sorrisos dela, perde uma nova cor a cada exame, a cada choro, a cada vez que ouvimos mais um médico dizer que o pulmão dela não é de uma pessoa que deveria estar viva (Aflalo, 2023, p. 82).*

Esse dia a dia pode ser extremamente doloroso para os pais, e é função da enfermagem tentar amenizar o impacto da internação na vida da família. Fala-se em amenizar, pois jamais esta será uma boa experiência; ter um filho internado é um momento de sofrimento. No entanto, é possível tornar esse ambiente mais acolhedor, favorecendo os vínculos da família tanto com o seu bebê, como com a equipe, que é quem intermediará as relações nesse início de vida.

O olhar individualizado para o bebê e suas famílias humaniza a ação do profissional, não apenas realizando tarefas assistenciais de forma automatizada e enxergando a doença, mas realmente visualizando a singularidade do binômio mãe-filho/pai-filho. Atender e compreender as necessidades desse binômio auxilia na redução da ansiedade dos pais diante do quadro clínico do RN.

Um estudo conduzido por Uema e outros profissionais (2020) descreveu, por meio da *Parental stress scale: neonatal intensive care unit* (Principais fatores estressores para os pais na UTI neonatal), as seguintes variáveis: excesso de equipamentos, respiração anormal do bebê, agitação, face de dor e a cor do bebê (aspectos esperados, já que não estão acostumados com o ambiente e situações em que o bebê pareça desconfortável). O fato de os pais não conseguirem exercer o papel de cuidador, alimentar, oferecer colo, e sentirem que não conseguem proteger o bebê, também foram aspectos citados na pesquisa.

Em meio a tantos fatores estressores e excesso de estímulos, os pais buscam proteger seus filhos e estão atentos para que sejam vistos e cuidados de maneira condizente com o lugar que ocupam na vida desses pais.

Por isso é de suma importância escolher com cuidado as palavras ao tratar com eles.

> *Já tínhamos ouvido várias vezes que não havia mais o que fazer, havíamos nos despedido da Alice algumas vezes e já tínhamos, também, visto a nossa filha vencer o invencível e contrariar a Medicina. Nossos corações já tinham tantos furos que não sabíamos que fosse possível que*

alguém ainda pudesse machucá-los. Ao entrar, a médica se apresentou, avaliou Alice e, ao final, decretou: "Vocês sabem que é um caso extremíssimo, não sabem? A minha sugestão é a de que, caso tenha alguma intercorrência com ela, não vale a pena investir". As palavras da médica me atingiram como uma espada cortando mais um pedaço do meu coração. Como usar o verbo investir para falar de uma vida? Ela estava falando da vida da minha filha!

O que você quer dizer com isso, doutora?

Estou dizendo que é extremíssimo. Se ela sobreviver, certamente terá uma vida terrível. Ela não é mais a Alice de antes.

Mas ela será sempre a minha Alice!" (Aflalo, 2023, p. 47).

Palavras. Elas saem de maneira tão espontânea dos lábios, leves, tão fácil, não é mesmo? Mas podem cortar como uma espada, marcar permanentemente a vida de alguém, diria até que a depender do que for dito pode deixar marcas na alma de um ser humano de maneira definitiva.

A questão é: deixar uma marca leve, uma marca que trará alívio em um momento de sofrimento? Ou quer ser aquela pessoa que ofendeu o amor da vida de alguém? Que conseguiu piorar e potencializar uma dor que já era tão forte por conta própria?

Investir (verbo)

1. transitivo indireto bitransitivo e intransitivo

ECONOMIA

> *fazer (investimento financeiro); empregar, aplicar (capital) em. "empresas estão investindo em computadores para agilizar os negócios"*
>
> *2. transitivo indireto e intransitivo e pronominal atirar-se com ímpeto; acometer, atacar, assaltar. "acuadas, as tropas investiram (contra o inimigo)" (Ferreira, 2009).*

Este é o significado encontrado para esse verbo no dicionário. Parece adequado usar esse tipo de verbo ao falar da vida de alguém? As equipes rotineiramente usam esses termos ao discutir os casos dos pacientes, mas é necessário cuidado com as palavras que serão utilizadas ao conversar com os pais.

A palavra pode construir ou destruir uma relação entre pais e equipe, e considerando a fragilidade da situação e o tempo que uma doença pode manter uma família no hospital, é necessário que essa relação seja construída e mantida da melhor maneira possível, sobre bases sólidas de respeito e confiança. É necessário ser cuidadoso com as palavras, afinal, se não há nada de bom ou necessário para dizer, é melhor manter o silêncio.

O livro de Bruna Aflalo, *Aos seus pulmões*, descreve a visão dela e de seu marido como mãe e pai de uma criança que passou por um processo de adoecimento. Essa foi a melhor maneira encontrada para ilustrar um pouco da visão dos pais. Em vários trechos é relatada a falta de sensibilidade e respeito com que foram abordados por diversas pessoas, incluindo profissionais da saúde, de quem se espera melhor manejo nessas situações de intenso sofrimento de um paciente e sua família.

> *[...] Não estava entendendo o que estava acontecendo, só tive a clareza alguns dias depois: os médicos não tinham esperança de que Alice fosse sobreviver. Não falavam sobre o futuro porque para eles simplesmente não existia mais um único dia para Alice. Naquele momento, ainda*

estávamos começando a aprender um novo vocabulário que hoje faz parte do nosso dia a dia. Uma das coisas de que me lembro bem nessa conversa era que o pH do sangue dela estava em 6,9, o que era "muito grave" e "incompatível com a vida". Duas coisas que esse médico poderia aprender: (1) conjugar verbos no futuro, especialmente ao falar da vida de uma criança com os pais; (2) a única coisa incompatível naquele momento era a experiência dele ante a força da Alice" (Aflalo, 2023, p. 17).

Permitam uma observação do quanto essa expressão "*incompatível com a vida*" é imprópria, principalmente para falar com os pais. Ao longo de minha prática da enfermagem presenciei alguns pais ouvindo esse termo, então proponho uma reflexão sobre isso.

Como pode uma vida ser incompatível com a vida? Por mais grave que seja a doença que afeta aquela criança naquele momento, existe vida ali, existe um sonho de uma família concretizado, o amor da vida de alguém aos nossos cuidados. Como isso pode ser incompatível com a vida?

Ainda que a situação do paciente seja grave, que haja uma malformação incapacitante ou limitante e os recursos médicos tenham sido esgotados no que diz respeito à cura, ainda assim existe vida.

O uso desse tipo de terminologia leva os profissionais para uma grande armadilha. E se o "incompatível com a vida" durar meses, anos ou até se resolver? No caso de Alice, ela lutou bravamente por anos, indo contra tudo que foi dito sobre ela no início e no decorrer do seu processo de adoecimento. Ao lançar esse tipo de veredicto sobre uma doença, ignora-se que esse processo sofre a interferência de fatores externos e internos, afinal é importante ter consciência de que nada é definitivo.

Ainda acerca desse aspecto, em um trecho do livro *Histórias lindas de morrer*, de Ana Cláudia Quintana Arantes, colhe-se a seguinte reflexão:

> *O que me ensinaram na faculdade? Que uma pessoa com 6 de hemoglobina não tem energia para se movimentar. P., com 3,2, conversava, comia, amava e ensinava o filho a deixá-lo partir. Quem precisa de hemoglobina normal para ser feliz?*
>
> *Meu diploma está no chão, virado de cabeça para baixo, até hoje. O que eu conheço de medicina é apenas a base do meu trabalho. Não é o meu horizonte. A cada dia aprendo medicina de novo (Arantes, 2020, p. 31).*

Na nossa profissão frequentemente nos deparamos com momentos como esse, em que não há explicação alguma ou lógica para os acontecimentos – são momentos que transcendem a razão. Situações em que presenciamos o sagrado, mesmo que sejam nos minutos finais de uma vida ou quando acreditamos se aproximar o fim. Contudo, os pacientes ensinam que, no fim das contas, sabemos muito pouco a respeito dos mistérios da vida. Quem nunca presenciou um caso extremamente grave, em que todas as medidas conhecidas pela medicina se esgotaram e resta a esse paciente apenas sua família pedir por um milagre? Tenho certeza de que pelo menos uma vez todos os profissionais de saúde já viram um caso assim, no qual o paciente se recuperou, literalmente, como por um milagre.

Propomos outro questionamento. Qual é o problema em permitir que as famílias tenham esperança? Tenham fé na cura? Existem muitos profissionais que ainda não sabem lidar com as crenças da família do paciente e acabam não as respeitando.

Quando se aprende a respeitar a crença, conhecer mais sobre ela, sobre o que move a família, no que acreditam, pode-se usar isso a nosso favor, reforçando o vínculo entre equipe e família, o que apenas irá fortalecer o acolhimento e cuidado ao paciente.

> *Na prática, a única coisa que importa, que é real, tangível e mensurável é a crença, a fé. Se eu acredito, a fé me dá forças e respostas para encarar as situações mais difíceis da vida, e aquilo é real para mim (Aflalo, 2023, p. 93).*

Ainda sobre o livro *Histórias lindas de morrer*, Ana Cláudia conta sobre uma mãe cuja filha de 24 anos tinha um tumor neurológico sem prognóstico de cura e estava no *hospice* do Hospital das Clínicas para esperar o fim de sua vida e sua mãe chorava inconsolavelmente.

> *Dona N. era desespero bruto. Quando passava visita, eu apenas tocava as costas dessa mãe, sem saber o que dizer. Ela tremia inteira. Sentava na cama, puxava para si a filha desacordada, pressionava-a contra o próprio ventre, como se pudesse lhe dar a vida de novo. Rezava, chorava, rezava de novo.*
>
> *O que é que eu faço, doutora? O que é que eu faço?*
>
> *A religião, pensei. Precisa religar. Precisa.*
>
> *O que eu faço diante da morte da minha filha? – a mulher me perguntou.*
>
> *[...] – Entrega ela para Nossa Senhora, Dona N. Nossa Senhora sabe o que é perder um filho. Ela vai saber o que fazer com a sua filha. Entrega.*
>
> *[...] Passados não mais do que 15 minutos, Dona N. veio me procurar no corredor do Hospice.*
>
> *– Eu fiz como a senhora mandou, doutora. Entreguei.*
>
> *– E como você está? – Eu quis saber.*

> *– Eu tô bem, sinto paz.*
>
> *E. morreu menos de uma hora depois, assim que o marido chegou e se despediu dela (Arantes, 2020, p. 87-88).*

Quando se conhece e respeita as crenças do paciente e da família, é possível fornecer um cuidado muito mais individualizado e adequado às necessidades. Não é necessário acreditar, apenas respeitar o suficiente para saber que essa dor não é do profissional, e se a família precisa dessa crença para passar por esse momento de sofrimento, então essa crença faz parte do cuidado.

Por outro lado, é necessário também cautela com o que se fala para a família, pois não se pode tentar incutir neles nossas próprias crenças, e algumas vezes, por melhor que seja a intenção de consolar ou apoiar essa família, o efeito pode ser inverso.

> *[...] Começou a me incomodar ouvir de muitas pessoas (todas elas com boas intenções, é claro) que eu deveria pedir a Deus a cura da Alice com todas as minhas forças, pois as orações de uma mãe são poderosas e abrem as portas do céu. Tenho certeza absoluta de que as pessoas falam esse tipo de coisa para ajudar, mas em um determinado momento passa a doer. Será que não estou rezando o suficiente? Será que não estou pedindo direito? O que é que eu não estou fazendo certo para que a Alice não seja curada por Deus? Essas perguntas ecoavam todas as noites em minha cabeça, tirando o pouco de sono que ainda conseguia ter. Tentativas de ajuda como essas passaram a ter exatamente o efeito oposto àquele que as pessoas queriam ao fazê-las. Passaram a me atormentar e a me fazer questionar tudo ainda mais (Aflalo, 2023, p. 82-83).*

A ideia não é dizer que não se deve falar nada, mas a realidade é que em muitos momentos nada pode amenizar a dor que aquela família está sentindo. Não existe uma frase pronta para isso ou uma fórmula mágica para ultrapassar esse momento; o que seria consolador para uns pode não ser para o outro e, nesses casos, só se pode oferecer presença e escuta.

Estar ali integralmente para oferecer seja o que for que essa família precise, mesmo em silêncio, mesmo que seja apenas estar por perto, faz toda a diferença na vida dessas pessoas.

Esse momento de sofrimento exige da família uma força descomunal. Não há pausa, não existe fim do plantão, ainda que esses pais vão para casa por um tempo para tomar um banho, trocar de roupa – suas mentes não desligam de onde seus filhos estão. A autora Bruna Aflalo chamou isso de "*modo sobrevivente*". Não há descanso, sempre alerta, estado de atenção!

Qualquer alarme, uma respiração diferente é notada. Os pais notam isso, bem antes de qualquer profissional, pois eles estão ali, observando cada detalhe – qualquer mudança em seus filhos não passa despercebida por seus olhos atentos. Naquele espaço do tempo, naquele espaço de dor e sofrimento, seus filhos são tudo o que importa.

Então o que os mantêm firmes e fortes nessa luta, além do amor imensurável por seus filhos? Nem tão firmes, pois seria fisicamente impossível se manter firme a todo instante, mas fortes com toda certeza.

Fé, esperança. Seja fé em Deus, esperança pela cura, esperança por dias melhores. Mas isso os move, a cada novo dia há a crença da saturação normal, de 1 mL de leite a mais na dieta, dos poucos gramas de peso ganhos, pequenos avanços, mas que se apresentam inundados de grande esperança. Esperança de que amanhã seja um dia a menos no hospital e um dia mais próximo da alta.

> *Acho que é isso: a esperança não morre nunca. Ainda que tudo esteja ruim e que todas as notícias e prognósticos sejam aterrorizantes. Mesmo vendo acima de nós a onda gigante, ainda que sobre nossas cabeças paire a sombra ameaçadora da nuvem negra, a esperança segue aqui dentro e seguirá, dia a dia, dando-nos forças para seguir em frente, pois seguir em frente é o que podemos fazer (Aflalo, 2023, p. 87).*

E sentir esperança nunca é em vão. Às vezes é necessário ajudá-los a se lembrar disso. Quando forem tomados pela dor, quando aquela imensa nuvem carregada pairar sobre suas cabeças, a tempestade se tornar forte demais e os ventos tornarem difícil se manter em pé, quando o sentimento de impotência tomar conta, é preciso ser um porto seguro para essas famílias atracarem; abrir um espaço de escuta compassiva, sem julgamentos.

Nesse sentido, não é adequado automatizar os comportamentos para nos proteger. Se aquela família está vivenciando uma dor tão profunda, é compreensível que trabalhar nesse ambiente não seja fácil, porém é preciso ter consciência de que esse momento de dor não nos pertence, esse sofrimento não é nosso. É necessário praticar a compaixão pelo que aquela família está passando, pois ela precisa de ajuda.

Ainda persiste a ideia de que, para além da técnica, é preciso haver empatia para trabalhar nessa área, sempre no sentido de ser mais humano na assistência, podendo se colocar no lugar do outro. Mas se eu sentir a dor do outro, eu faço dela minha, e como posso cuidar do outro se o foco estiver em mim? Então a melhor maneira de cuidar do outro não é com empatia, mas, sim, compaixão. Essa dor não nos pertence, mas a compaixão por ela e respeito, sim.

Então façamos sempre a seguinte pergunta: como posso tornar esse momento menos doloroso para o paciente e sua família? Como a minha presença pode amenizar esse sofrimento? Se ao final desta leitura eu conseguir deixar algo de importante e significativo, poderia dizer que: o mais importante desse trabalho é a possibilidade de abrir espaços de escuta, em que haja respeito, sem julgamentos. Se não souber o que dizer, apenas escute e você certamente irá impactar positivamente nesse momento de sofrimento do paciente e sua família.

Referências

Aflalo, B. (2023). *Aos seus pulmões*. Letramento. 120p.

Arantes, A. C. Q. (2019). *A morte é um dia que vale a pena viver*. Sextante. 224p.

Carvalhais, C., Santos, J., Silva, M. V., & Xavier A. (2015). Is there sufficient training of health care staff on noise reduction in neonatal intensive care units? A pilot study from neonoise project. *J Toxicol Environ Health A, 78*(13-14), 897-903.

Ferreira, A. (2009). *Novo Dicionário Aurélio da língua portuguesa*. (4ª ed.). Positivo.

Fonseca, S. A., Silveira, A. O., Franzoi, M. A. H., & Motta, E. Family centered-care at the neonatal intensive care unit (NICU): nurses experiences. *Enfermería: Cuidados Humanizados, 9*(2), 170-190.

Gomes, E. L. F. D., Santos, C. M., Santos, A. C. S., et al. (2019). Respostas autonômicas de recém-nascidos prematuros ao posicionamento do corpo e ruídos ambientais na unidade de terapia intensiva neonatal. *Rev Bras Ter Intensiva, 31*(3), 296-302.

Lemos, A. F., Vigo, P. S., Querido, D. L., et al. (2022). Impacto e manejo da luminosidade na unidade de terapia intensiva neonatal. *Rev Recien, 12*(37), 472-484.

Marçola, L., Zoboli, I., Polastrini, R. T. V., et al. (2020). Comunicação de más notícias e a avaliação feita pelos pais. *Rev Paul Pediatr, 38*:e2019092.

Brasil. (2013). Política Nacional de Humanização. Ministério da Saúde.

Ribas, C. G., Andreazza, M. G., Neves, V. C., & Valderramas, S. (2019). Effectiveness of Hammock positioning in reducing pain and improving sleep-wakefulness state in preterm infants. *Respir Care, 64*(4), 384-389. https://doi.org/10.4187/respcare.06265.

Soares, Y. K. C., Santos, P. O. (2020). Posicionamento do recém-nascido prematuro em unidade de terapia intensiva neonatal. *Enferm Foco, 11*(4), 49-5.

Silva, P. M. S., Melo, R. H. B., & Silva, L. F. (2022). Informação em saúde: práticas de humanização em uti neonatal e seus impactos a partir das rotinas e condutas na recuperação dos recém-nascidos. *Revista de Saúde Digital e Tecnologias Educacionais, 7*(III), 129-142.

Teixeira, L. B., Apolinário J. M. S. S., Santos, A. B. A. S., et al. (2022). Ações de enfermagem na construção de uma relação humanizada com pais de recém-nascidos internados em UTI neonatal. *Revista Científica Multidisciplinar, 3*(3).

Uema, R. T. B., Rodrigues, B. C., Rissi, G. P., et al. (2020). Stress factors in the neonatal intensive care unit: family perceptions. *Enfermagem Atual in Derme, 93*(31), e-020042.

Vieira, G. B., Gomes, G. C., Novo, R. M., et al. (2024). Manuseio mínimo como instrumento de neuroproteção em neonatologia: revisão integrativa. *Contribuciones a Las Ciencias Sociales, 17*(4), 1-16.

7. O compromisso da Fisioterapia com o bebê e sua família

Letícia Belluomini

Conheça todas as teorias, domine todas as técnicas, mas ao tocar uma alma humana, seja apenas outra alma humana

Carl Jung

Introdução

O Centro de Tratamento Intensivo Neonatal (CTIN) promove cuidados médicos críticos a bebês com condições de saúde desfavoráveis. Eles necessitam de tecnologia avançada e uma equipe treinada que forneça atendimento especializado imediato, sendo a equipe multiprofissional parte importante desse cuidado, realizando avaliações complexas e executando terapias intensivas baseadas na resposta do bebê, a fim de promover a saúde desses recém-nascidos (Chow et al., 2015).

Os fisioterapeutas são parte desta equipe, otimizando o padrão respiratório, a oxigenação e promovendo melhor desempenho neuromotor (Pimenta, 2011). São responsáveis por diminuírem as complicações hospitalares, reduzindo o período de hospitalização e os custos hospitalares. A assistência fisioterapêutica integral em unidades de terapia intensiva de hospitais de nível terciário é garantida pela Portaria n. 3.432 do Ministério da Saúde, em vigor desde 12/08/1998 (Nicolau & Lahóz, 2007).

São objetivos do fisioterapeuta em CTIN: otimizar a função respiratória, melhorando as trocas gasosas; reduzir o trabalho respiratório; adequar suporte ventilatório; prevenir e tratar complicações pulmonares; manter a permeabilidade das vias aéreas; favorecer o desmame da ventilação mecânica e oxigenoterapia; além de promover melhor desenvolvimento neuromotor e prevenir complicações musculoesqueléticas decorrentes da internação (Pimenta, 2011; Zeni, Mondadori & Taglietti, 2016).

Exercendo um papel importante na redução das complicações provenientes de internações hospitalares, o fisioterapeuta dá assistência aos recém-nascidos à beira do leito rotineiramente, sendo muito importante o conhecimento teórico frente à especificidade e complexidade de um CTIN, mas também sendo sensível à necessidade de cultivar uma relação humanizada com o bebê e seus familiares inseridos nesse contexto (Rezende & Santana, 2021).

Uma relação humanizada e de acolhimento, que traga confiança entre os pais e a equipe de saúde, facilita o vínculo entre o bebê e a família, sendo essa conexão de afeto essencial para o desenvolvimento neuromotor, psicológico e cognitivo do recém-nascido, fornecendo autoconfiança, favorecendo os processos de aprendizado e gerando conforto e segurança para o bebê (Morgado, 2019).

O fisioterapeuta possui técnicas e orientações que contribuem para a humanização e acolhida da família, além de favorecer o estabelecimento do vínculo pais-bebê, como acolhimento e comunicação; toque terapêutico; estimulação sensório-motora; fisioterapia aquática e banho de ofurô; e aproximação dos pais no processo de cuidado-seguimento para alta hospitalar (Pimenta, 2011; Zeni, Mondadori & Taglietti, 2016).

Acolhimento e comunicação

O CTIN, com seus diversos equipamentos tecnológicos e procedimentos, é um local estranho e assustador para a família que acompanha a internação de seu bebê, e pode trazer aos pais fatores inibidores de contato espontâneo com o recém-nascido. Com essa percepção, o acolhimento, a interação e a comunicação da equipe de cuidado com a família são fundamentais para amenizar experiências emocionais e o sofrimento dos pais (Gaíva & Scochi, 2002).

Por meio do diálogo, da troca de informações, de gestos e da postura facial são definidas relações e interações entre a família e a equipe de cuidado, fazendo da comunicação um compromisso indispensável no dia a dia do CTIN. Na pesquisa realizada por Gaíva e Scochi (2002), relatou-se a importância do estabelecimento do vínculo entre profissionais e pais do bebê, baseando-se na comunicação clara e explicação de termos técnicos para a família, além de ressaltar a importância de ouvir os pais, acolhendo-os e favorecendo uma assistência integral e humanizada.

Diante desse cenário, faz parte da conduta fisioterapêutica explicar aos pais sobre os equipamentos que fazem parte do cuidado desse profissional, assim como os procedimentos a serem realizados em seu bebê, reduzindo o estresse da família e aumentando a confiabilidade no profissional e no processo de cuidado (Zeni, Mondadori & Taglietti, 2016).

Dessa forma, iniciar o atendimento se apresentando ao acompanhante do bebê, explicando de forma clara sua assistência, mantendo um diálogo que demonstre respeito e carinho pelo recém-nascido é indicado como forma de cuidado humanizado. Além disso, ajustar a comunicação sem termos técnicos, esclarecendo a família sobre os equipamentos que fazem parte de seu atendimento e os procedimentos a serem realizados com frases como:

> Este aparelho é um ventilador que está ajudando seu bebê a respirar.
>
> Ele está respirando por esse tubinho que está na boca dele.
>
> Como ele ainda é muito pequeno, precisa de ajuda para respirar, por isso está usando esse suporte no nariz, como um cateter gordinho: é o

CPAP (continuous positive airway pressure – pressão positiva contínua nas vias aéreas).

Esse monitor nos avisa o quanto o coração do seu bebê está batendo e quanto de oxigênio tem no sangue dele.

Vou fazer uma manobra/massagem que vai ajudar a descolar a secreção do pulmão e fazer ele respirar melhor.

Vou aspirar o tubo em que seu bebê está respirando para tirar a secreção que está atrapalhando o ar de entrar e sair.

Para aspirar, vou colocar essa sonda no tubo – e/ou no nariz. Pode incomodar, mas não dói e vai ser rápido.

Explicar à família sobre os procedimentos a serem realizados com seu bebê e a importância de cada um deles facilita a comunicação entre o profissional e os pais, construindo sujeitos participantes do processo de tratamento do filho, além de acolher a família com empatia e tornar humana sua vivência (Zeni, Mondadori & Taglietti, 2016; Gaíva & Scochi, 2002).

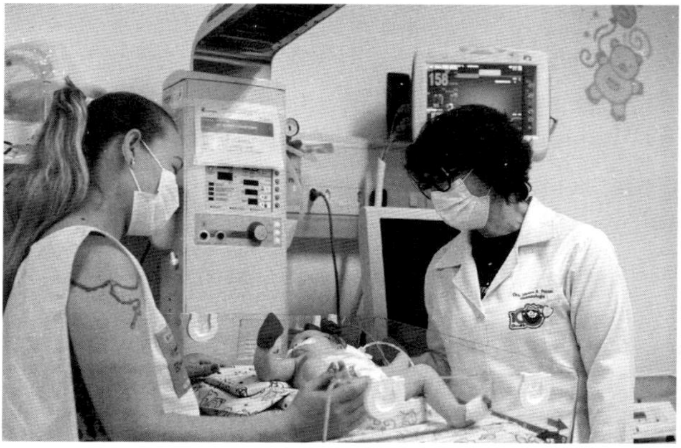

Figura 1 Comunicação profissional com a família.

Fonte: Hospital Pequeno Príncipe, 2023.

Toque terapêutico

O ato de tocar é um meio de comunicação não verbal e interação utilizado pela equipe multiprofissional. Ele expressa cuidado, apoio, segurança e proximidade, sendo um estímulo positivo que acarreta o bem-estar do bebê. É por meio desse sentido que o fisioterapeuta se aproxima do paciente de forma profunda e legítima, avaliando tecidos, manuseando-os e utilizando as próprias mãos como recurso de cuidado. Sendo assim, o toque faz parte fundamental da assistência fisioterapêutica, além de expressar afeto e humanização (Jamarim et al., 2019).

Estímulos táteis geram pressão sobre a pele, ativando receptores cutâneos que levam a informação para a medula espinhal e, posteriormente, ao hipotálamo. As fibras do tato são mais mielinizadas que as fibras nervosas, fazendo com que o estímulo tátil chegue mais rápido à medula que o estímulo doloroso. Além disso, ao estimular o hipotálamo, libera-se endorfinas e encefalinas, que têm ação analgésica, atuando sobre a dor e gerando conforto. O hipotálamo também é um mediador de emoções, regulando funções viscerais. Dessa forma, o toque pode atuar sobre o sistema nervoso autônomo, aliviando estresse e ansiedade (Ramada, 2013).

O contato manual direto é a base de qualquer manuseio com os recém-nascidos em um CTIN, fazendo parte também da experiência sensorial, que muitas vezes pode estar associada a vivências que geram dor e desconforto por causa dos procedimentos necessários para a manutenção da assistência ao bebê (Cruvinel & Pauletti, 2009).

O toque terapêutico vem à prática como uma forma de manusear o recém-nascido com cuidado, gerando conforto e trazendo ao bebê experiência semelhante ao contato da parede uterina em sua pele. Ele deve ser um toque manual seguro e firme sobre o bebê, favorecendo a flexão dos membros, a organização sensorial do recém-nascido e garantindo sua tranquilidade (Cruvinel & Pauletti, 2009).

Dessa forma, esse tipo de toque traz ao bebê a sensação de acolhimento, gerando uma experiência positiva com conforto e alívio da dor, transpassando essas sensações aos pais, aumentando a confiabilidade na equipe e minimizando emoções negativas (Jamarim et al., 2019). O toque terapêutico também pode ser realizado junto à família, auxiliando a desenvolver relações de qualidade entre os pais e o recém-nascido, estimulando o vínculo e promovendo um toque comunicativo de afeto diante do cenário de cuidados intensivos (Silva et al., 2020). Mesmo diante das piores circunstâncias e gravidades, o toque tem o poder de transmitir sensações positivas ao bebê, tornando essa intervenção fundamental no CTIN.

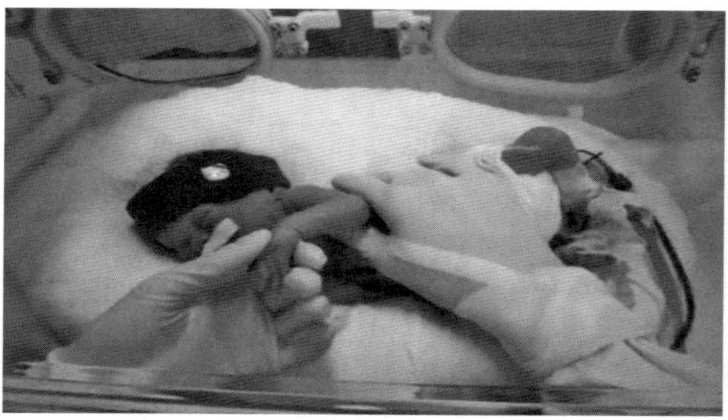

Figura 2 Toque terapêutico em recém-nascido.

Fonte: Cruvinel & Pauletti, 2009.

Estimulação sensório-motora

O desenvolvimento neuropsico-sensório-motor é a sequência progressiva e complexa de mudanças que ocorrem no comportamento motor, cognitivo, sensorial, psíquico e social, do nascimento até a idade adulta, relacionado também com a maturação do sistema nervoso central (SNC). Ele ocorre pela interação entre as exigências da tarefa, a biologia do indivíduo e as condições do ambiente em que o bebê está inserido. Além disso, a qualidade dos vínculos afetivos familiares apresenta grande influência nesse processo maturacional, principalmente nos três primeiros anos de vida, em conjunto com as experiências sensoriais, que auxiliam no processo de evolução do córtex cerebral (Morgado, 2019; Gallahue, 2013).

Fatores ambientais e biológicos, como prematuridade, baixo peso ao nascer, tempo prolongado de ventilação pulmonar mecânica e de internação hospitalar, podem interferir no desenvolvimento neuro-sensório-motor do bebê, aumentando os riscos para o atraso nesse processo (Juliani et al., 2018).

Diante desse contexto, o papel da fisioterapia é fundamental para a prevenção e tratamento das alterações neuromotoras, identificando precocemente os riscos e intervindo sobre eles ainda durante a internação do bebê no CTIN (Juliani et al., 2018).

A estimulação sensório-motora surge como uma intervenção que facilita desenvolvimento neuropsico-sensório-motor típico, prevenindo ou minimizando os estímulos danosos do ambiente do CTIN e tratando alterações resultantes da prematuridade e outras patologias que possam gerar riscos para o desenvolvimento do bebê. Ela inclui a promoção de estímulos que seguem o desenvolvimento funcional do recém-nascido de acordo com sua idade e estímulos sensoriais. São as principais: estimulação tátil-cinestésica, visual, auditiva e vestibular (Johnston et al., 2021).

Estimulação tátil-cinestésica

A pele, maior órgão do corpo humano, é responsável pelo tato, o primeiro sentido a se desenvolver no feto. A partir de oito semanas de gestação já se observa o desenvolvimento de mecanorreceptores na pele, que levam a informação do toque até o SNC. Até a 14ª semana de gestação, quase toda a superfície corporal já é sensível ao toque, recebendo estímulos como o movimento do líquido amniótico e a pressão da parede uterina. Dessa forma, o tato assume um papel de extrema importância no desenvolvimento do bebê, mostrando primeiramente uma resposta motora e posteriormente uma resposta emocional integrada (Bárcia e Eduardo Sá, 2010).

O estímulo chega na pele e a informação é recebida pelos receptores cutâneos, que a conduzem até níveis superiores no sistema nervoso, auxiliando em seu desenvolvimento. É através desse sistema que o cérebro recolhe informações sobre seu próprio corpo, a propriocepção, e sobre o meio que o envolve (Bárcia & Sá, 2010).

A estimulação tátil é uma intervenção não invasiva que proporciona redução do estresse, melhora no ganho de peso e estimulação do desenvolvimento neuromotor por meio do toque. Ela pode ser realizada pela equipe de cuidado e pelos pais do recém-nascido, estendendo benefícios à redução da ansiedade da família e aumento do vínculo pais-bebê (Juliani et al., 2018).

Vista a importância desse contato do bebê com seus pais, ele deve ser colocado no colo o mais precocemente possível, de acordo com sua estabilidade clínica, independentemente do suporte ventilatório a ser utilizado. Ao apresentarem um quadro clínico estável, a equipe multiprofissional se mobiliza para colocar bebês, mesmo em intubação orotraqueal, no colo de seus pais. Cada profissional pertencente ao cuidado do bebê tem um papel de importância no primeiro colo do recém-nascido, acompanhando todo o processo. É responsabilidade da fisioterapia manter a via aérea artificial do recém-nascido estável, assim como seu circuito de ventilação, controle do posicionamento e adequação de posturas.

Estudos mostram que o "*tocar e acariciar*" de mães em seus bebês prematuros promoveu melhora na sucção e ganho de peso, favorecendo uma alta hospitalar mais precoce, além de provocar redução do estresse e sensação de conforto para a família e o bebê (Roiste, 2005).

Além do simples toque direto na pele no bebê, as massagens ganham espaço dentro da estimulação tátil, promovendo além de estimulação do desenvolvimento neuropsico-sensório-motor, uma comunicação não verbal através da pele, com carinho e afeto. Ela pode ser feita com um toque profundo, deslizamentos e fricções sobre a pele do bebê, podendo associar movimentos de flexão e extensão de grandes articulações (Bárcia & Sá, 2010).

Dentre elas, a massagem *shantala* é citada como uma técnica milenar indiana com uma sequência de deslizamentos por todo o corpo do bebê, seguida de movimentos de braços e pernas, finalizada com um banho aquecido. Ela é definida como a arte de tocar com qualidade, evidenciando a construção sensorial gerada pelo toque, mas também a criação do vínculo afetivo com a mãe em sintonia com o bebê (Souza, 2017).

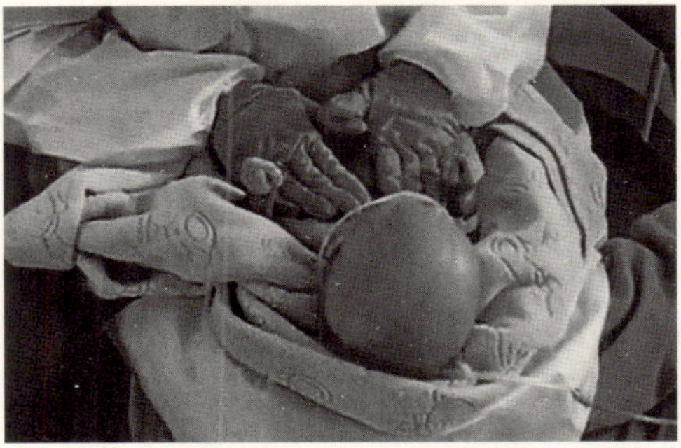

Figura 3 Massagem *shantala*.

Fonte: ONG Prematuridade, 2011.

Estimulação visual

A visão é o último sentido a ser desenvolvido no bebê, sendo que grande parte de sua maturação ocorre após o nascimento. A partir da 25ª a 28ª semana gestacional o feto já pisca em resposta à pouca luz que atinge o útero, ou ao susto, apresentando reações de atenção e alerta a partir da 30ª semana. Após o nascimento, o bebê inicia suas experiências visuais e a partir delas, esse sentido se aprimora (Juliani et al. 2018).

Por causa da imaturidade das estruturas retinianas, conexões neurais correspondentes e pouca coordenação do movimento ocular, o bebê consegue ver pouco, por volta de 20 a 30 cm de distância, cores contrastantes, como branco e preto, e fixa seu olhar por volta de 1 a 2 segundos. Conforme as vivências visuais acontecem, o sistema nervoso relacionado à visão matura-se, melhorando a percepção do que se vê, aumentando o tempo de fixação do olhar, o seguimento de pessoas e objetos, assim como a diversificação de formas e cores (Juliani et al., 2018; Silva, 2005).

O ambiente de um CTIN pode ser nocivo para esse sentido em razão do excesso de luminosidade, podendo alterar o desenvolvimento visual, piorar a qualidade do sono, aumentar a incidência de estrabismo e modificar o comportamento de fechamento dos olhos (Juliani et al., 2018). A fim de controlar a luz, pode-se utilizar um óculos de proteção nos olhos no bebê e/ou cobrir a incubadora com pano escuro, deixando visível parte do corpo para manter a monitorização adequada (Cruvinel & Pauletti, 2009). Em nosso setor, opta-se por cobrir a incubadora com lençol disponível no local, mantendo o custo-benefício da intervenção e trazendo ao bebê o controle luminoso adequado.

A estimulação visual é uma intervenção que ativa a função visual e auxilia o desenvolvimento desse sentido, adequando estímulos nocivos e proporcionando melhor interação com o meio. Ela deve respeitar os princípios de maturação do sistema, utilizando figuras e objetos adequados para a idade. Os recém-nascidos apresentam preferência por fixar o olhar em imagens com padrões branco e preto e, principalmente, a face humana, pois buscam estabelecer contato visual com seus cuidadores (Silva, 2005).

A possibilidade de o bebê ir para o colo precocemente se coloca como um poderoso estímulo visual, uma vez que o bebê interagirá com os pais, algo de extrema significância para a família. Outro estímulo visual importante para o bebê é seu olhar para a face da mãe, principalmente durante a amamentação. O encontro dos olhos entre os pais e seu filho permite o primeiro e outros contatos, sendo parte essencial da construção do vínculo afetivo. Dessa forma, esse estímulo deve ser incentivado, proporcionando o contato do recém-nascido com a face e os olhares dos pais (Silva, 2005).

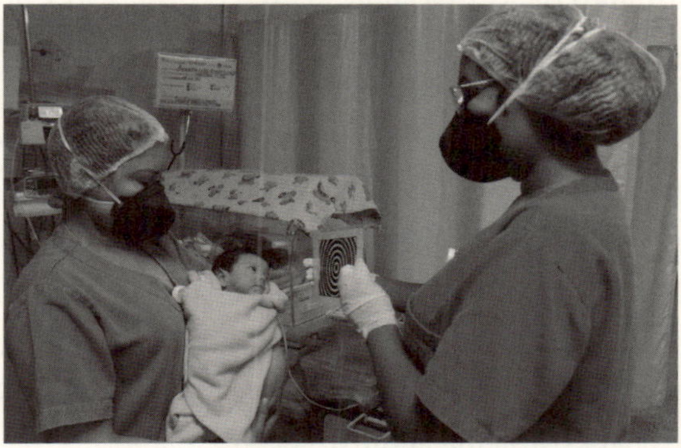

Figura 4 Estimulação visual de recém-nascido em CTIN.

Fonte: Pró-Saúde, 2021.

Estimulação auditiva

O sistema auditivo é o terceiro sistema a se desenvolver no bebê, que já consegue reagir a sons a partir da 25ª semana gestacional. No ambiente uterino, o feto consegue ter contato com sons internos do corpo da mãe, como a respiração, os batimentos cardíacos e os movimentos maternos, e sons externos, como a voz de pessoas próximas a ela, criando memórias e permitindo a maturação desse sistema (Santee & Costa Vale, 2006).

Após o nascimento, os diferentes sons e suas frequências estimulam o bebê, evoluindo a habilidade de processamento auditivo, que se desenvolve qualitativamente e em grau de complexidade no decorrer do primeiro ano de vida. Essas habilidades podem ser observadas por meio da mudança do comportamento motor diante dos estímulos sonoros. Observam-se respostas comportamentais somáticas como atenção auditiva, modificação da atividade motora, procura da fonte sonora e sua localização, assim como a evolução nas habilidades de comunicação, como sorrir, vocalizar e chorar (Santee & Costa Vale, 2006).

Observam-se no CTIN níveis de ruídos muito elevados, podendo gerar estímulos danosos à audição do recém-nascido, prejudicando seu sistema em desenvolvimento. Dessa forma, deve-se adequar o ambiente, evitando altos ruídos com o manuseio adequado das incubadoras, evitando também batucar e colocar objetos sob a sua superfície, controlar a altura das conversas e discussões de equipe, assim como a utilização de mantas espessas sobre as incubadoras que abafem os ruídos externos (Cruvinel & Pauletti, 2009).

A estimulação auditiva pode ser utilizada como forma de gerar melhor processamento de informações sonoras e minimizar estímulos inadequados para o sistema auditivo. Da mesma forma, quando realizada pelos pais, o bebê se recorda da memória criada no ambiente uterino, gerando conforto e aumentando o vínculo afetivo (Santee & da Costa Vale, 2006; Juliani et al., 2018). Nesse sentido, é importante estimular os pais a conversarem com seus filhos desde o início da internação. Da mesma forma, falar com o bebê antes de manipulá-lo traz um estímulo auditivo que o desperta para a intervenção a ser realizada, podendo associar um breve toque, preparando-o para os cuidados.

A musicoterapia pode ser aplicada como estímulo, gerando benefícios ao bebê e à família. Utilizam-se músicas suaves, com baixas amplitudes e ritmos lentos, promovendo relaxamento, redução do estresse e da ansiedade, além de promover o desenvolvimento do processamento auditivo (Juliani et al., 2018; Ferreira, et al., 2018).

A exposição dos bebês a músicas de Mozart e canções de ninar pode diminuir a frequência cardíaca, melhorar a sucção e o comportamento alimentar, reduzindo o tempo de hospitalização do bebê (Johnston et al., 2021).

O estímulo verbal também pode ser utilizado por meio da fala natural, conversas e cantorias do terapeuta e da família. A voz dos pais, principalmente a materna, com tons puros e verbais, é amplamente recomendada, devendo ser orientada e estimulada (Juliani et al., 2018).

Figura 5 Estimulação auditiva de recém-nascido em CTIN.

Fonte: Folha de Londrina, 2020.

Estimulação vestibular

O sistema vestibular desempenha papel importante no desenvolvimento do bebê, sendo responsável pela organização do tônus muscular, equilíbrio, coordenação da movimentação e propriocepção, organizando o corpo em relação ao ambiente. Ele inicia seu desenvolvimento e maturação ainda intraútero, permitindo os primeiros reflexos do feto e auxiliando-o a orientar-se pela gravidade e entrar na postura adequada para o nascimento. O estímulo é recebido pelo sistema vestibular, dentro do ouvido interno, que envia as informações até o SNC, gerando respostas na postura e tendo papel de grande importância no desenvolvimento neurológico (Ribeiro & Silva, 2019).

Esse sistema é desenvolvido e maturado a partir de estímulos de balanços e movimentos do corpo em relação ao espaço. A movimentação do bebê no ambiente intrauterino, permitida pelo deslocamento do líquido amniótico e os movimentos da mãe, inicia esse processo de maturação, desempenhando papel importante no desenvolvimento neurológico (Ribeiro & Silva, 2019; Ferreira, et al., 2018).

No CTIN, esse é o sistema menos estimulado, visto que os bebês que lá se encontram apresentam-se restritos a incubadoras e berços, restringindo os movimentos do recém-nascido e exercendo fator de risco para atraso na maturação desse sistema. Além disso, a utilização de algumas classes de antibioticoterapia, muitas vezes necessária para a estabilidade e tratamento dos recém-nascidos, pode prejudicar a função vestibular (Ferreira et al., 2018).

A fim de minimizar esses efeitos deletérios da internação e estimular o desenvolvimento e maturação desse sistema, a estimulação vestibular é utilizada como uma intervenção que promove o balanço com movimentos lentos e contínuos em diversas direções e planos, promovendo também relaxamento e ganho de peso, facilitando a alta hospitalar. Esse balanço pode ser oferecido ao bebê pelo terapeuta, mas também pelos pais, ao segurarem o recém-nascido no colo, estimulando a interação entre eles, ampliando as sensações de conforto para o bebê e sua família (Ferreira et al., 2018; Juliani et al., 2018).

Além disso, a utilização de redes no CTIN é relatada como uma intervenção humanizada que promove posicionamento adequado ao recém-nascido, além de estimular o sistema vestibular pelo leve balanço rítmico látero-lateral, proporcionando aconchego e proteção, reduzindo gasto energético e favorecendo o ganho de peso (Ribeiro & Silva, 2019).

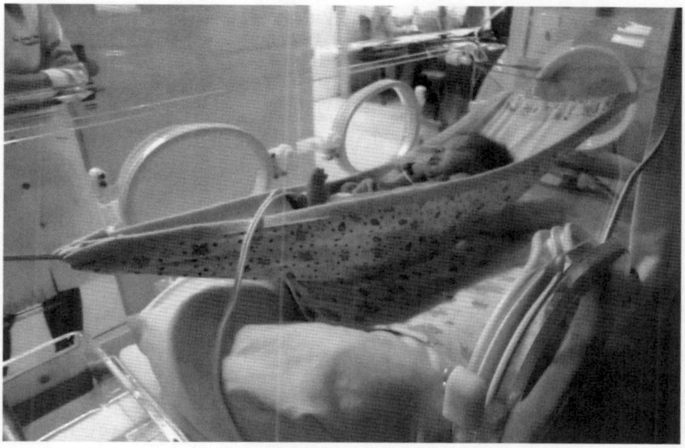

Figura 6 Redes de balanço em CTIN.

Fonte: Unasus, 2014

Método canguru

O método canguru é um tipo de assistência neonatal que promove o contato pele a pele entre a mãe e o recém-nascido, possibilitando um momento de prazer e inserindo os pais no cuidado do bebê. Ele gera uma atenção humanizada que envolve o paciente, a família e os profissionais de cuidado e está previsto como política pública pelo Ministério da Saúde (Pimenta, 2011).

É uma intervenção centrada na família que foca o cuidado neonatal em um contexto integral. Coloca-se o bebê no colo, promovendo contato direto da região anterior do corpo do recém-nascido com a pele do tórax dos pais. O bebê é envolvido por um lençol ou faixa, mantendo-o na postura vertical e propiciando calor e proteção (Pimenta, 2011; Ferreira et al., 2018).

Além de possibilitar o cuidado humanizado, o método canguru estimula o vínculo afetivo entre os pais e o bebê, favorece o aleitamento materno e o ganho de peso, auxilia no controle da temperatura corporal do recém-nascido, minimiza o estresse da família e do bebê e reduz o tempo de internação hospitalar. Ademais, esse método favorece a maturação do SNC por meio da estimulação do desenvolvimento neuropsico-sensório-motor gerada (Pimenta, 2011).

O contato com a pele do bebê gera uma estimulação do sistema tátil, assim como a conversa dos pais com o recém-nascido estimula o sistema auditivo. Da mesma forma, a face e contato olho no olho propicia maturação do sistema visual, ao mesmo tempo que o balanço do colo gera estímulos para o sistema vestibular. O cheiro materno e do leite promove estímulos olfativos, enquanto a manutenção da postura em flexão do corpo do bebê, associada ao toque em sua pele, estimula o sistema motor. Além disso, o contato com os pais propicia o desenvolvimento psíquico e social do bebê. Por esses motivos, o método canguru é considerado uma estimulação multimodal (Pimenta, 2011; Johnston et al., 2021).

Além de estimular o método e promovê-lo, o fisioterapeuta mantém o controle do padrão respiratório e da postura do bebê durante o tempo de contato pele a pele, garantindo a oxigenação e o posicionamento adequados, e propiciando maiores benefícios no cuidado integral do binômio mãe-bebê (Cruvinel & Pauletti, 2009).

Em nosso setor, o contato pele a pele é realizado assim que o bebê apresenta estabilidade clínica e é liberado para o colo pela equipe médica. Visto esse momento, a fisioterapia e a enfermagem se mobilizam para realizar esse contato da forma como é preconizada. De acordo com seu suporte ventilatório, a equipe de fisioterapia auxilia na colocação do bebê no dorso da mãe ou do pai, mantendo sua via aérea estável e bem posicionada, de forma segura, além de auxiliar no posicionamento adequado do recém-nascido, garantindo a oxigenação adequada e conforto da família.

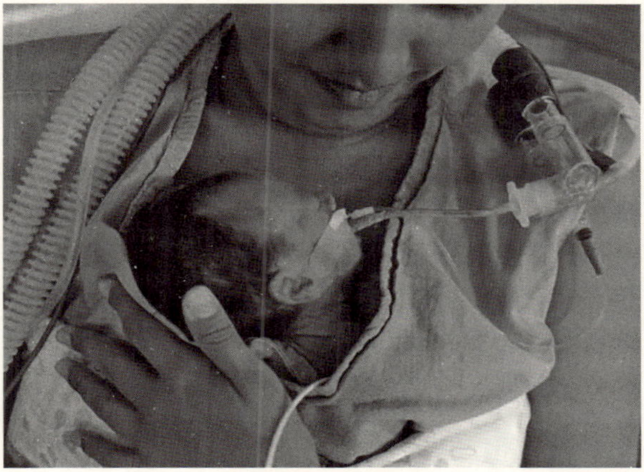

Figura 7 Contato pele a pele em método canguru com recém-nascido em ventilação mecânica invasiva.

Fonte: ONG Prematuridade, 2018.

Fisioterapia aquática e banho de ofurô

Como medida terapêutica multidisciplinar, o banho de ofurô é uma intervenção que tem sido utilizada em CTIN como forma de humanização e socialização mãe-bebê. Ela é considerada uma terapia de alívio da dor, promovendo organização sensorial e comportamental ao bebê, além de relaxamento, segurança, melhora na qualidade do sono e no ganho de peso (Ferreira et al., 2018; Morgado, 2019).

A técnica é realizada com o recém-nascido em estabilidade clínica e utiliza-se um balde com água morna. Nele, o bebê é mergulhado até a altura dos ombros, apoiado pela região cefálica e movimentado delicadamente por meio da flutuação assistida. Pode-se utilizar um pano leve para envolvê-lo, simulando a viscosidade do líquido amniótico no meio uterino (Ferreira et al., 2018; Morgado, 2019).

A força do empuxo do meio aquático beneficia a propriocepção, a mobilização articular, a movimentação espontânea e a organização da postura do bebê. Além disso, o contato da água aquecida com a pele do recém-nascido gera estímulos no sistema tátil e a movimentação na água propicia estimulação para o sistema vestibular, promovendo o desenvolvimento neuropsico-sensório-motor (Ferreira et al., 2018).

As propriedades físicas da água e o meio aquecido relembram o ambiente intrauterino, proporcionando sensação de conforto e segurança ao bebê. A família também pode participar desse processo, segurando o bebê e auxiliando em seu banho; isso facilita a interação pais-bebê, com os pais participando do processo de cuidado e intervenções e propiciando maior vínculo afetivo entre eles (Ferreira et al., 2018; Morgado, 2019).

Essa intervenção simples e repleta de benefícios proporciona ao recém-nascido redução da frequência cardíaca e fácies de dor, com sensação de conforto e redução do estresse ao bebê e sua família participante do processo, além de facilitar o ganho de peso corporal, contribuindo para a alta hospitalar precoce (Ferreira et al., 2018).

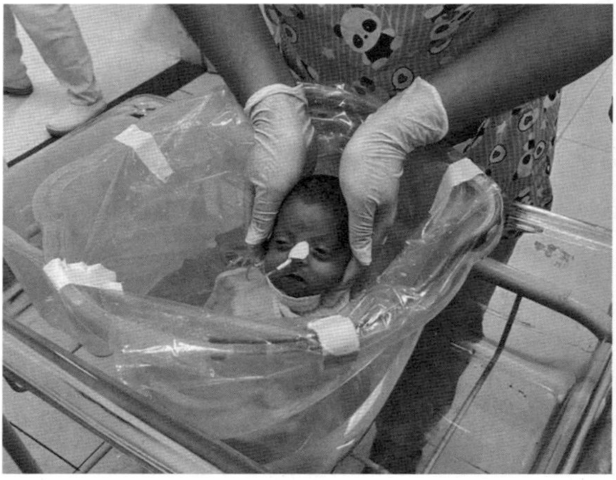

Figura 8 Recém-nascido em banho de ofurô.

Fonte: HNT hipernotícias, 2021.

Aproximação dos pais no processo de cuidado-seguimento para alta hospitalar

Ao longo do processo de internação, os pais podem se tornar cada vez mais participantes do dia a dia do bebê, fazendo-se responsáveis pelo seu próprio filho (Morgado, 2019).

Com habilidades alimentares e ganho de peso adequados, estabilidade cardiorrespiratória e sinais de maturação fisiológica e termorreguladora, inicia-se o processo de alta hospitalar. Visto esse momento, o preparo da família para receber o bebê em casa é de extrema importância para a redução da ansiedade e aumento da confiança nos cuidados domiciliares (Alcântara et al., 2017).

As orientações em relação à alta são responsabilidade multiprofissional, com cada profissional encarregado de ouvir dúvidas e questões da família, instruindo-os em relação aos cuidados com o bebê, levando em consideração as demandas específicas do recém-nascido e as inseguranças da família, orientando ao cuidado integral do bebê (Alcântara et al., 2017).

O fisioterapeuta pode orientar a família quanto a: prevenção de infecções; lavagem nasal e suas considerações; prevenção da síndrome da morte súbita e o sono seguro; estimulação sensório-motora e brincar de barriga para baixo; situações de risco e sinais de alerta como cianose e desconforto respiratório; técnicas de desengasgo; transporte seguro; e a importância do seguimento do recém-nascido (Alcântara et al., 2017; Sociedade Brasileira de Pediatria, 2012).

Além disso, alguns bebês podem precisar de cuidados especiais por causa de suas patologias. A utilização de traqueostomias, gastrostomias e oxigênio domiciliar são situações que necessitam de orientações específicas e treinamento da família antes da alta hospitalar (Sociedade Brasileira de Pediatria, 2012).

Nesses casos, a transição do hospital para o domicílio deve ser feita com cautela, preparando a família de forma processual e gradual, envolvendo aos poucos os cuidadores no processo dos cuidados diários, incorporando a eles novos conhecimentos. É papel da fisioterapia auxiliar nas orientações dos manejos com a traqueostomia, necessidade de aspirações e utilização de oxigênio domiciliar (Silva, 2022).

O treinamento de aspiração traqueal é iniciado com os pais no início do processo de alta hospitalar. Consiste na explicação sobre o procedimento, quando é necessário, e todos os passos para realizá-lo, partindo de calçar luvas estéreis, simulando o procedimento de aspiração, para então a família realizá-lo de maneira supervisionada. Além disso, os cuidados com a traqueostomia podem ser orientados de maneira multiprofissional, auxiliando na higiene e troca da fixação, assim como na indicação do que fazer em intercorrências como decanulação acidental e sinais de alerta para infecções respiratórias (Silva, 2022).

Quanto à utilização de oxigênio domiciliar, orienta-se a família sobre a forma de utilização do cilindro de oxigênio, umidificador, trocas de água filtrada rotineiras, fixação do cateter nasal e cuidados com o cilindro domiciliar e de transporte (Silva, 2022).

Essa troca de saberes progressiva entre a equipe de saúde e a família é necessária para guiar a alta hospitalar de maneira segura. É preciso ouvir os pais, conhecer suas dúvidas e necessidades para encontrar as melhores estratégias de seguimento do bebê, garantindo o melhor e mais seguro cuidado domiciliar (Alcântara et al., 2017).

Após a alta hospitalar, o bebê terá seguimento ambulatorial de fisioterapia de acordo com seu quadro clínico e indicação, e terá seu desenvolvimento motor acompanhado e estimulado, com orientações atualizadas à família de acordo com o crescimento da criança. Da mesma forma, nesse local é feito um controle da função respiratória com intervenções realizadas quando necessárias, mantendo um quadro respiratório adequado.

Considerações finais

A internação no CTIN muitas vezes deixa os pais em segundo plano. Nesse contexto, a responsabilidade do cuidado do bebê é retirada dos pais, afastando-os e prejudicando o contato entre eles.

Diante desse cenário, são necessárias condutas que abranjam o cuidado integral do recém-nascido, acolhendo a família e aproximando-a das responsabilidades com o bebê.

O fisioterapeuta dentro da equipe multiprofissional tem papel fundamental nesse processo, promovendo as intervenções citadas anteriormente, minimizando a ansiedade da família, aproximando a família do cuidado e auxiliando na construção do vínculo afetivo pais-bebê, que aos poucos se tornam responsáveis pelo seu próprio filho, gerando conforto e acolhimento de ambos.

Referências

Alcântara, K. L., Brito, L. L. M. S., Costa, D. V. S., et al. (2017). Orientações familiares necessárias para uma alta hospitalar segura do recém-nascido prematuro: revisão integrativa. *Rev Enferm UFPE (on-line)*, 645-655.

Bárcia, S., & Sá, E. (2010). A importância do toque e da massagem do bebê... Alguns apontamentos. In J. Carvalho Teixeira. (Ed.). *Psicologia da Saúde*. Climepsi Editores, col. Manuais Universitários, 50, 147-160.

Chow, S., Chow, R., Popovic, M., et al. (2015). A Selected Review of the Mortality Rates of Neonatal Intensive Care Units. *Front Public Health*, *7*(3), 225. DOI: 10.3389/fpubh.2015.00225.

Cruvunel, F. G., & Pauletti, C. M. (2009). Formas de atendimento humanizado ao recém-nascido pré-termo ou de baixo peso na unidade de terapia intensiva neonatal: uma revisão. [S. l.: s. n.].

Cadernos de Pós-Graduação em Distúrbios do Desenvolvimento, São Paulo, 9(1), 102-125.

Sousa Ferreira, K., da Silva, J. P., Vieira, D. M., & Maciel, L. (2018). *Estratégias de intervenção precoce em prematuros na unidade de terapia intensiva neonatal: revisão de literatura.* Instituto Educacional Santa Catarina.

Gaíva, M. A. M., & Scochi, C. G. S. (2002). A comunicação entre a equipe e os pais em uma UTI neonatal de um hospital universitário. *Programa Científico e Resumos.* EERP.

Gallahue, D. L., Ozmun, J. C., Goodway, J. D. (2013). *Compreendendo o desenvolvimento motor: bebês, crianças, adolescentes e adultos.* (7th ed.). Editora AMHG.

Jamarim, M. F. M., Silva, C. Z., Lima, G. M. P. A., et al. (2019). Nonverbal communication through touch: meanings for physical therapists working in a hospital environment. *Aquichan, 19*(4), e1942. https://doi.org/10.5294/aqui.2019.19.4.2.

Johnston, C., Stopiglia, M. S., Ribeiro, S. N. S., Baez, C. S. N., & Pereira, S. A. (2021). Primeira recomendação brasileira de fisioterapia para estimulação sensório-motora de recém-nascidos e lactentes em unidade de terapia intensiva. *Revista Brasileira De Terapia Intensiva, 33*(1), 12-30. https://doi.org/10.5935/0103-507X.20210002.

Juliani, R. C. T. P., Cunha, M. T., Lahóz A. L. C., et al. (2018). *Fisioterapia.* Coleção Pediatria do Instituto da Criança do Hospital das Clínicas. (2ª ed.). Manole.

Morgado, P. S. (2019). Influência do vínculo pais-bebê no desenvolvimento neuropsicomotor do recém-nascido: conhecimentos e práticas de fisioterapeutas em Unidades de Terapia Intensiva Neonatal. (Dissertação de Ph.D., Universidade Fernando Pessoa). Order Number: AAI28974690.

Nicolau, C. M., & Lahòz, A. L. (2007). Fisioterapia respiratória em terapia intensiva pediátrica e neonatal: uma revisão baseada em evidências. *Pediatria (São Paulo), 29*(3), 216-221.

Pimenta, P. S. (2011). *Estratégias da fisioterapia na humanização da Unidade de Terapia Intensiva Neonatal: revisão de literatura.* (Dissertação de Pós-graduação, Universidade Castelo Branco).

Ramada, N. C. O., Almeida, F. de A., Cunha, M. L. da R. (2013). Toque terapêutico: influência nos parâmetros vitais de recém-nascidos. *Einstein (São Paulo) [Internet], 11*(4), 421-5. https://doi.org/10.1590/S1679-45082013000400003.

Rezende, L. O. (2021). *Humanização da assistência de fisioterapia em unidade de terapia intensiva adulto e pediátrica.* (Tese de Conclusão de Curso, Pontifícia Universidade Católica de Goiás). https://repositorio.pucgoias.edu.br/jspui/handle/123456789/2267.

Ribeiro, D. C., & Silva, C. M. G. (2019). Vantagens da terapia das redes de balanço em Unidade de Terapia Intensiva Neonatal. *Brazilian Journal of Health Review, 2*(4), 3654-3656.

Roiste, A. (2005). TAC-TIC therapy with premature infants: a series of investigative studies. *Neuro Endocrinology Letters, 25*(1), 67-77.

Santee, D. P., Costa Vale, O. (2006). Programa de prevenção precoce de alterações auditivas neonatais. *Revista EVS-Revista de Ciências Ambientais e Saúde, 33*(3), 333-356.

Silva, F. P. M. A. (2022). *Simulação clínica no preparo de familiares de crianças com traqueostomia em processo de alta hospitalar.* (Dissertação de Mestrado, Escola de Enfermagem Aurora de Afonso Costa, Universidade Federal Fluminense).

Silva, GRF. (2005). *Estimulação visual: prática educativa com mães na enfermaria mãe-canguru.* (Tese de Mestrado, Faculdade de Farmácia, Odontologia e Enfermagem, Universidade Federal do Ceará). https://repositorio.ufc.br/bitstream/riufc/1966/1/2005_dis_grfsilva.pdf.

Silva, P. L. N., Barbosa, S. L., Rocha, R. G., & Ferreira, T. N. (2020). Experience and needs of parents from premature neonates hospitalized in a neonatal intensive care unit. *Rev Enferm UFPI [Internet], 7*(1). https://periodicos.ufpi.br/index.php/reufpi/article/view/481.

Sociedade Brasileira de Pediatria. (2012). *Seguimento Ambulatorial do Prematuro de Risco.* Departamento Científico de Neonatologia.

Souza, N. R. (2017). Shantala Massagem para bebês: experiência materna e familiar. *Ciência et Praxis, 4*(7), 55-60. https://revista.uemg.br/index.php/praxys/article/view/2208.

Zeni, E. de M., Mondadori, A. G., & Taglietti, M. (2016). Humanização da assistência de fisioterapia em Unidade de Terapia Intensiva pediátrica e neonatal. *ASSOBRAFIR Ciência, 7*(3), 33-40. DOI: 10.5935/1679-4508.20160006.

8. O papel da terapia ocupacional no Centro de Terapia Intensiva Neonatal: do cuidado ao bebê à intervenção familiar

Giovanna Singh Gasperini

Vejo a vida passar num instante
Será tempo o bastante que tenho pra viver?
Não sei, não posso saber
Quem segura o dia de amanhã na mão?
Não há quem possa acrescentar um milímetro a cada estação
Então, será tudo em vão? Banal? Sem razão?
Seria, sim, seria se não fosse o amor
O amor cuida com carinho, respira o outro, cria o elo [...]
Emicida

Apresentação

A terapia ocupacional caracteriza-se como uma profissão da área da saúde e tem sua origem em ambiente hospitalar, no início do século XX, nos Estados Unidos da América e, dentro do mesmo período, no Brasil (Galheigo & Tessuto, 2010). Entretanto, a produção científica da terapia ocupacional no ambiente hospitalar na área de neonatologia iniciou-se no Brasil apenas em 1994, e até o ano de 2016 havia um pouco mais de duas dezenas de produções, segundo uma revisão integrativa realizada em 2019 (Matuso, 2019, p. 40). Dessa forma, pode-se afirmar que o papel da terapia ocupacional na neonatologia no Brasil é pouco explorada e até mesmo recente, por isso observa-se a necessidade de se elucidar seu papel nos Centros de Terapia Intensiva Neonatal (CTIN).

Em 2013, o Conselho Federal de Fisioterapia e Terapia Ocupacional (Coffito) definiu a função do terapeuta ocupacional em contextos hospitalares como um profissional capaz de realizar procedimentos de avaliação, intervenção e orientação, realizados com o cliente internado e/ou familiar e cuidador, em diversos setores e serviços, incluindo o CTIN, com o objetivo de ofertar, o mais precocemente possível, atendimentos para prevenção de deformidades, disfunções e agravos físicos e/ou psicoafetivo-sociais, promovendo o desempenho funcional/ocupacional e a qualidade de vida durante a hospitalização.

Dessa forma, dentro do contexto do CTIN, o terapeuta ocupacional tem o papel de identificar as atividades que promovam a saúde, o crescimento e o desenvolvimento do recém-nascido (Matsuo, 2016), considerando tanto o motivo que o levou à internação (prematuridade, malformações congênitas, síndromes genéticas, asfixias, infecções etc.), como os procedimentos de cuidados realizados e o ambiente da Unidade de Terapia Intensiva (estresse, dor, privação de estímulos/contato familiar, ruídos, luminosidade, constantes manipulações etc.).

Além da intervenção com o recém-nascido, seus familiares e cuidadores, em especial os genitores, muitas vezes também apresentam indicação para a avaliação e acompanhamento da terapia ocupacional, visto os possíveis impactos provocados pela internação do seu bebê no centro de terapia intensiva, como alterações de rotina, alterações do papel e do desempenho ocupacional, dificuldade de adaptação ao contexto hospitalar, dificuldade de compreensão do diagnóstico do recém-nascido, quebra de expectativas, privação da interação com o bebê, entre outras consequências.

A seguir será descrito com maior propriedade as intervenções e atuações da terapia ocupacional dentro do contexto do CTIN frente ao recém-nascido e seus familiares.

Atuação com o recém-nascido

O CTIN, segundo o Ministério da Saúde, destina-se aos cuidados dos recém-nascidos graves ou com risco de morte, incluindo prematuros, de baixo peso, com necessidade de suporte respiratório, alimentar e/ou cirurgias (Brasil, 2012, p. 930). É notória a evolução dos CTIN ao longo dos anos graças aos avanços tecnológicos e ao aumento de pesquisas na área, resultando na redução de mortalidade de recém-nascidos. Contudo, um aspecto a ser considerado é que, à medida que se aumenta a sobrevida desse público, crescem também os riscos de morbidade e suscetibilidade a prejuízos no desenvolvimento nas áreas motoras, de comportamento e de desenvolvimento escolar em longo prazo (Dittz & Rocha, 2018; Moreira et al., 2014).

Nesse sentido, a terapia ocupacional atua de forma individualizada com cada recém-nascido, para traçar objetivos por meio da análise de seus padrões, condições físicas, cognitivas, sensoriais, comportamentais, sociais e ambientais, sem deixar de lado valores, preocupações e prioridades das famílias. Identificam-se então os pontos fortes e vulneráveis do recém-nascido à medida que eles vivenciam os cuidados e interações na unidade neonatal, para implementação de estratégias e objetivos que diminuam os impactos provocados pela internação no CTIN e suas possíveis repercussões futuras.

Desse modo, serão apresentadas a seguir, na Tabela 1, as indicações, metas e intervenções da terapia ocupacional mais frequentes dentro do CTIN após a avaliação do terapeuta ocupacional. Mas vale lembrar que os objetivos e as intervenções no CTIN podem variar de acordo com o perfil epidemiológico e a rotina de cada unidade.

Tabela 1 Atuação da terapia ocupacional com o recém-nascido

Indicação	Meta	Intervenção
• Hipoatividade (sem uso de sedação) • Alteração do ciclo sono-vigília • Déficit nas capacidades autorregulatórias • Hipo ou hiper-reatividade ao ambiente e cuidados • Alterações sensoriais e percepto-cognitivas em relação ao meio • Alterações no tônus	Melhorar interação com o meio Modulação dos níveis de sensoriais Estimular DNPM Auxiliar na promoção de capacidades autorregulatórias Estimular componentes percepto-cognitivos, motores, sensoriais e comportamentais	Estímulo ao DNPM e à modulação sensorial
Recém-nascido com idade gestacional corrigida > 38 e com internação prolongada (> 30 dias) Risco de atraso no DNPM Identificação de atraso do DNPM	Promover DNPM Promover papel ocupacional e engajamento ocupacional do bebê (a depender da idade corrigida, tempo de internação e condições clínicas) Estimular componentes percepto-cognitivos, motores, sensoriais e comportamentais	Brincar exploratório
Recém-nascido com alterações motoras, seja por deformidades congênitas, espasticidade ou padrões anatômicos não funcionais	Prevenir padrões de deformidades e contraturas Prevenir agravos motores	Órtese
Restrição de posicionamento, por RNPT ou condições clínicas Risco de desenvolvimento de LPP Alterações anatômicas	Confecção de posicionadores/coxins Promover posicionamento anatômico funcional	Adequação do posicionamento em leito
Indicativos de DNPM Manutenção, acompanhamento e cuidado de tecnologias assistivas e órteses	Acompanhamento/Estimulação do DNPM Acompanhamento do uso de tecnologia assistiva	Encaminhamento para serviços de acompanhamento após alta

DNPM: desenvolvimento neuropsicomotor; RNPT: recém-nascido pré-termo; LPP: lesão por pressão.

Os estímulos ao desenvolvimento neuropsicomotor e à modulação sensorial são realizados por meio de atividades motoras, posicionamentos, oferta de estímulos sensoriais (tátil, auditivo, visual, olfativo, proprioceptivo e vestibular) e dependem da avaliação dos marcos do desenvolvimento esperados do recém-nascido/bebê e da sua interação com o ambiente. Já a promoção do brincar exploratório leva em consideração a participação do bebê dentro do que já lhe é proposto, uma vez que se presume que, a partir do seu desenvolvimento e crescimento, haja a iniciação e exploração do brincar. Nesse sentido, o terapeuta ocupacional tem como papel apoiar e facilitar o envolvimento do bebê nas tarefas e atividades que promovam sua saúde, seu crescimento e seu desenvolvimento (Dittz & Rocha, 2018, p. 132), mesmo que adaptado ao contexto do CTIN.

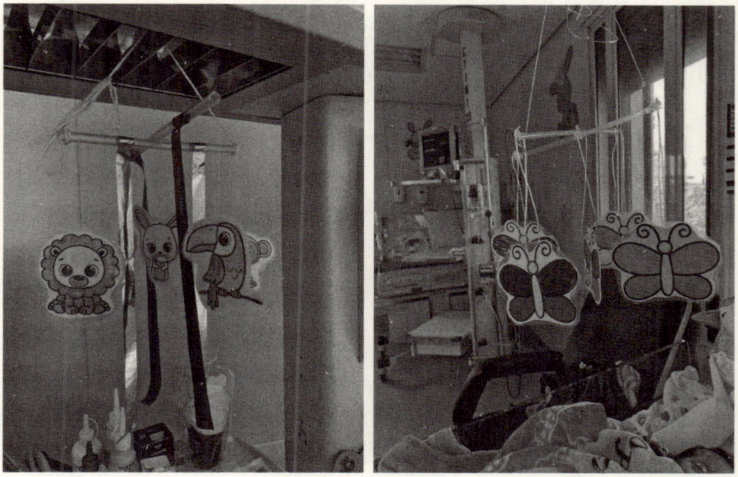

Figura 1 Móbiles confeccionados em conjuntos com familiares durante a internação para estimulação visual e do tato.

Já a indicação e prescrição da confecção de órteses para o recém-nascido é dada após minuciosa avaliação motora e comprovação de alterações, sejam elas adquiridas ou congênitas, ligadas ao tônus muscular, amplitude de movimento, alterações da movimentação ativa ou dos padrões anatômicos não funcionais, e que no futuro podem comprometer a funcionalidade e desenvolvimento do recém-nascido. O trabalho de confecção de órteses exige um conhecimento técnico aprofundado do profissional sobre os princípios básicos de imobilização, materiais e estudos na área da saúde e biológicos, além de olhar para o paciente como um ser humano funcional com fatores biopsicossociais envolvidos, independentemente do tipo de órtese confeccionada. Dentro desse contexto, o terapeuta ocupacional possui papel ativo na reabilitação e uso de dispositivos de órteses por viabilizar o acesso, implementação e integração de aspectos motores e sensoriais do ser humano nas atividades de vida diária (AVD), mesmo que a longo prazo (Gradim & Paiva, 2018). A órtese consiste em um recurso físico, biomecânico, anatômico, individual e de uso frequente, necessitando de acompanhamento contínuo para observação da resposta motora para definição de metas e acompanhamento de resultados.

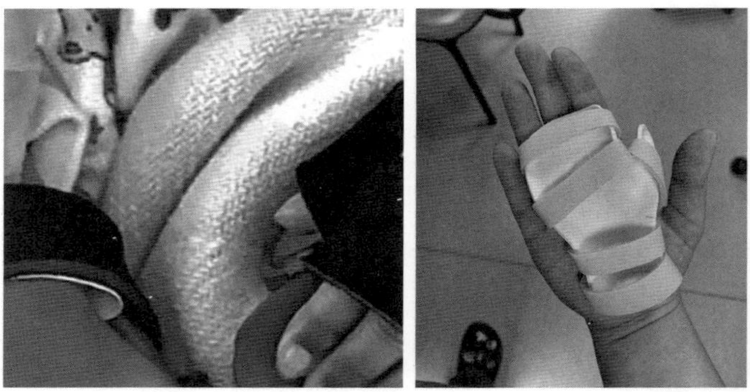

Figura 2 Órteses de posicionamento ventral de punho e dedos.

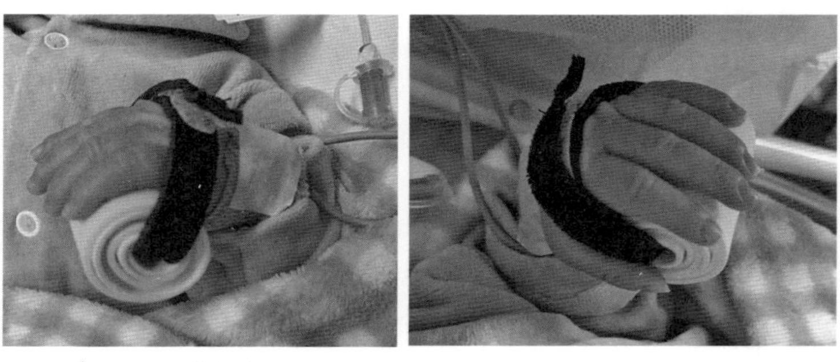

Figura 3 Órteses tipo "rolinho" para posicionamento de dedos.

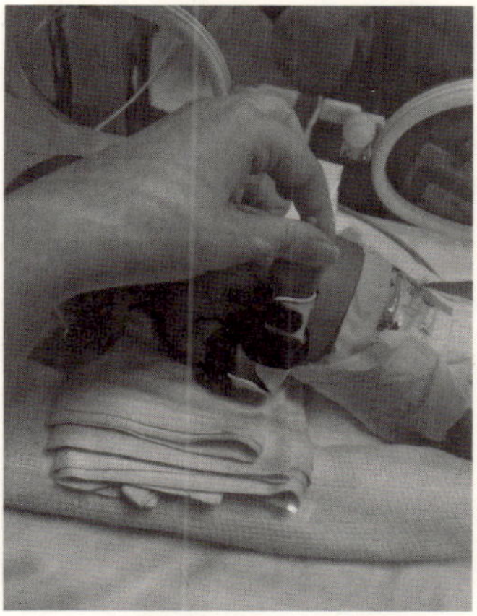

Figura 4 Órtese tipo axilopalmar para imobilização de fratura de ulna.

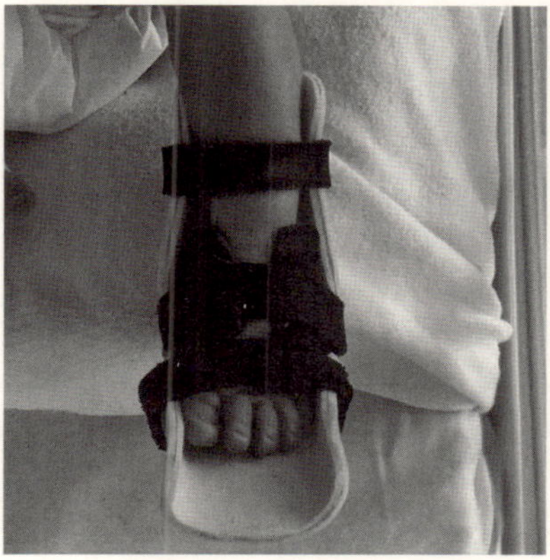

Figura 5 Órtese tipo suropodálica curta para posicionamento funcional de tornozelo, para pé torto posicional.

Apesar de contribuir para a melhora do recém-nascido, o CTIN é um ambiente totalmente diferente do útero, que é o local que proporciona ao bebê a sensação de conforto e segurança. Portanto, o prematuro possui a necessidade de se adaptar à vida extrauterina, garantindo, assim, sua sobrevivência (Barradas et al., 2006), sendo necessário oferecer um espaço que permita seu conforto e desenvolvimento, justificando a necessidade de intervenções que favorecem seu posicionamento no leito. A não adequação do posicionamento pode levar a um aumento da atividade motora, irritabilidade e gasto de energia, contribuindo para presença de hipertonia, déficit nas transmissões ao sistema nervoso central e desordens de desenvolvimento (Testa et al., 2002). O favorecimento do posicionamento não é uma intervenção restrita à terapia ocupacional, cabe a todos os profissionais que manipulam o bebê (Albuquerque & Albuquerque, 2017).

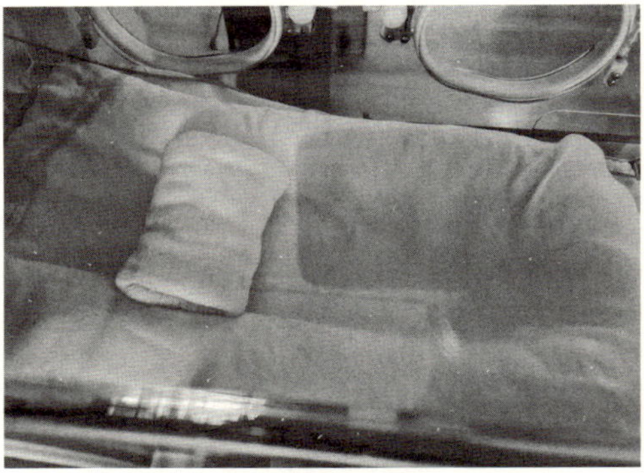

Figura 6 Ninho para otimização do posicionamento funcional a partir da criação de coxins e ninhos.

Espera-se que após o período de internação no CTIN, o recém-nascido faça continuidade de cuidados pós-alta, pois é relevante considerar a possibilidade do desenvolvimento de vulnerabilidades e morbidades decorrentes de sua internação, demandando instrumentos de cuidados que potencializem a qualidade de vida das crianças e de suas famílias (Braga & Sena, 2012). Desse modo, o terapeuta ocupacional possui o olhar para observar a necessidade de encaminhamentos para serviços de acompanhamentos de reabilitação/estimulação pós-alta, seja para o desenvolvimento neuropsicomotor, sensorial, ou na assistência do uso das órteses confeccionadas durante a internação.

Atuação com os familiares

O CTIN também é um ambiente desfavorável para aqueles que acompanham uma internação, em especial os pais, pois com o nascimento do seu filho e a necessidade da hospitalização, alguns processos emocionais, como medo, tristeza, insegurança, ansiedade, depressão, fadiga, estresse e distúrbios do sono, podem interferir e impactar negativamente as expectativas geradas durante a gestação e após o nascimento do filho (Taurisano et al., 2020).

Tais processos ainda podem ser intensificados, pois o ambiente ainda pode apresentar-se como um espaço impessoal, contribuindo para a fragilidade da criação do vínculo mãe-bebê/pai-bebê, já que os seus cuidados precisam ser transferidos para a equipe e eles apresentam dificuldade de se inserir na rotina do CTIN (Souza & Teixeira, 2022).

Desse modo, as relações de cuidado dos pais em relação a seu bebê sofrem rupturas e ficam fragilizadas, e é nesse sentido que a terapia ocupacional tem o espaço e o papel fundamental de atuar no empoderamento desses pais, auxiliando no processo da parentalidade, uma vez que ela é desenvolvida com tempo e experiências (Carvalho & Pereira, 2017; Souza & Teixeira, 2022).

Na Tabela 2, foram descritas as metas, indicações e possibilidades de intervenções da terapia ocupacional junto com familiares e pais de recém-nascidos internados no CTIN.

Por meio das metas destacadas na Tabela 2, o terapeuta ocupacional facilita e auxilia o exercício do papel ocupacional parental. Isso se deve pelo entendimento de que o termo "ocupação" é conceituado como um hábito ou papel composto de diversas atividades relacionadas a uma ação ou comportamento (Kielhofner, 2008). Nesse sentido, a construção da identidade de uma pessoa está estritamente relacionada ao desempenho de ocupações vinculadas aos papéis ocupacionais (Kielhofner, 2011).

Tabela 2 Atuação da terapia ocupacional com os familiares no CTIN

Indicação	Meta	Intervenção
Impactos sobre a hospitalização e estado clínico do recém-nascido	Fortalecimento da relação de vínculo entre cuidador-recém-nascido Auxiliar no engajamento do cuidado ao recém-nascido	Atividades produtivas e expressivas referentes à temática "papel ocupacional"
Alteração significativa do papel ocupacional do cuidador	Auxiliar o cuidador na ressignificação do processo de adoecimento, tratamento e internação do recém-nascido Estabelecer estratégias de enfrentamento do cuidado ao processo de hospitalização/ tratamento/ terminalidade do recém-nascido Auxiliar no vínculo e acolhimento ao cuidador Favorecer a ampliação do repertório do cuidador quanto ao diagnóstico e cuidados inerentes ao tratamento.	Atividades artísticas Atividades expressivas Atividades individuais ou em grupos *Podendo incluir outros profissionais e atividades

Dessa forma, ao tornar-se mãe, a mulher é impulsionada a realizar modificações nas ocupações a fim de responder às mudanças decorrentes da maternidade, as quais influenciarão na construção da identidade ocupacional materna (Martins, 2017). Por meio do exercício desse papel os pais/familiares se tornam competentes em prover as necessidades do bebê, o que aumenta sua segurança em cuidar e fomenta sua participação nos cuidados com o RN, bem como sua permanência na unidade (Manegat, 2020), uma vez que ser pais de um bebê pré-termo exige adaptação, pois a parentalidade exercida durante a internação do filho poderá ser afetada pela separação precoce, diminuição da possibilidade de contato pós-parto e pela necessidade de lidar com as condições de internação do bebê (Stefana; Lavelli, 2017).

É importante destacar que a separação entre pais e bebê prejudica o fortalecimento do vínculo e do apego, ambos essenciais para o desenvolvimento e recuperação do neonato (Vieira & Pinheiro, 2021). Nesse sentido, o papel ocupacional materno advém de ocupações como: amamentar/oferecer leite, atividades de cuidar do bebê, observar os cuidados da equipe com o filho, pegar o bebê no colo, tocar e acompanhar o momento de pesagem. Ao realizar essas ações, ocorre o resgate do sentimento da identidade ocupacional de mãe, que começou a ser construído durante a gestação (Menegat, 2020).

De forma complementar à atuação da terapia ocupacional, vale ressaltar o acolhimento, a escuta qualificada às demandas dos pais, o suporte para o enfrentamento do processo de internação do bebê e a realização de grupos de pais, com o objetivo de favorecer a troca de experiências e a formação de redes de apoio (Joaquim et al., 2014), desmistificando o ambiente da internação e fornecendo o suporte necessário para que eles possam desempenhar seu papel parental, envolvendo-se e participando dos cuidados com seu filho (Fraga et al., 2019).

Nesse sentido, entre as possibilidades de intervenção do terapeuta ocupacional com os pais/familiares, é fundamental o recebimento de apoio e atenção, a fim de facilitar seu engajamento nos cuidados com o bebê, já que o contato, o manuseio e a integração entre pais e filho são importantes para o desenvolvimento físico, cognitivo e emocional do recém-nascido, dentro das suas possibilidades e condições clínicas (Vieira & Pinheiro, 2021). Esse contato, quando bem orientado e seguro, favorece também o melhor desempenho dos cuidados após a alta hospitalar (Morimoto et al., 2020).

Figura 7 Plaquinha de comemoração de mesversário confeccionada em conjunto com genitores, com objetivo de favorecer o fortalecimento do vínculo entre pais e recém-nascidos.

Figura 8 Telas com carimbos dos pés, com objetivo de auxiliar o familiar na ressignificação do processo de adoecimento, tratamento e internação do recém-nascido, muitas vezes confeccionados pelos próprios familiares.

Figura 9 Carta para o bebê/irmãos confeccionados pelos familiares, para estabelecer estratégias de enfrentamento do cuidado ao processo de hospitalização/tratamento/terminalidade do recém-nascido.

Ainda dentro das possibilidades de intervenções, o terapeuta ocupacional pode e deve orientar os familiares à realização de atividades de estimulação sensório-motoras, uma vez que envolver os pais nesse processo é uma estratégia útil para reduzir riscos para atraso no desenvolvimento, pelo papel que essa estimulação tem para maturação cerebral (Rubio-Grillo, 2019). Tal prática pode minimizar também as dificuldades enfrentadas pelo recém-nascido durante a hospitalização, principalmente os prematuros, como a menor capacidade de autorregulação e de tolerância à manipulação, com reflexos pouco evidentes, maiores níveis de estresse e alterações do tônus (Souza & Marino, 2013).

A orientação estende-se também para o período de preparo à desospitalização, pois os estímulos devem continuar para auxiliar no desenvolvimento neuropsicomotor do bebê em casa, e para isso estratégias como entregas de cartilhas de orientações de estímulos, em conjunto com sugestões de atividades, são ofertadas, englobando o processo de desenvolvimento até os dois anos de idade. Quando necessário, também são entregues encaminhamentos para serviços de estimulação e reabilitação para aqueles bebês com sinais significativos de atraso do desenvolvimento motor, transtornos sensoriais, alterações motoras e/ou com doenças degenerativas.

O fazer da terapia ocupacional – discussão a partir de um fragmento de caso

Uma recém-nascida com cerca de 1 mês, atendida no CTIN desde o nascimento, apresenta dificuldade exacerbada no que diz respeito à realização de desmame da ventilação mecânica e sinais de aumento do tônus muscular que começam a preocupar a equipe. Solicita-se avaliação do serviço de terapia ocupacional. O caso foi discutido com a equipe médica e foi estabelecido que o objetivo inicial dos atendimentos seria auxiliar na alteração de tônus muscular e no posicionamento, para prevenir o aparecimento de possíveis contraturas e deformidades futuras, além da realização da estimulação sensório-motora, pela possibilidade de atrasos do desenvolvimento e diagnóstico de prematuridade.

No decorrer dos atendimentos, houve a necessidade de confecção de órteses de posicionamento de membros superiores e inferiores, por causa de alterações significativas do posicionamento e baixa movimentação ativa da paciente. Conforme os atendimentos eram realizados, notou-se a necessidade de iniciar também intervenções com a genitora, uma vez que era notório seu processo de luto em relação às expectativas de melhora da filha. Isso acontecia por causa da dificuldade em desempenhar os cuidados com a filha, levando a um comprometimento em seu vínculo inicial com a bebê e de seu papel ocupacional materno.

Na avaliação com a genitora, observou-se a necessidade de criar estratégias de ampliação do cuidado exercido com a filha. Nesse sentido, foram realizadas orientações sobre formas de oferta de toque gentil e discutiu-se com a equipe de enfermagem a importância desta mãe realizar alguns cuidados, enfatizando também a importância do colo e a estimulação ao contato pele a pele e conversas com a recém-nascida.

Ao longo dos atendimentos com a genitora, ela trouxe outras demandas, como o desejo de que seu filho, de 7 anos, pudesse visitar a irmã no CTIN. A partir disso, conversas com a equipe de psicologia foram iniciadas para trabalhar essa possibilidade.

Na construção do processo de visita do irmão à recém-nascida, foi sugerido inicialmente troca de presentes entre os irmãos, uma vez que o irmão fez um desenho e foi realizado um carimbo do pé da recém-nascida, que ele pôde levar para casa. Tal atividade ajudou no manejo do irmão dentro do setor, possibilitou maior aproximação de toda a situação e na formação do seu papel ocupacional de irmão. Dessa forma, a visita ocorreu de forma tranquila, pois durante as trocas de presentes a genitora também pôde explicar para ele um pouco mais sobre a hospitalização da irmã. A mãe ficou muito satisfeita com a possibilidade de estar com os dois filhos juntos e realizar registros (fotos) de um momento tão importante e muito aguardado por ela.

Após 2 meses entubada e com baixíssima resposta aos estímulos, houve a necessidade de ampliação das investigações, uma vez que os exames de imagem não justificaram tal fato. Foi então que a equipe da neurologia pediátrica suspeitou que o diagnóstico da recém-nascida poderia ser de paralisia cerebral ou alguma síndrome neuromuscular. Mesmo sem diagnóstico fechado, conversas sobre a importância da desospitalização começaram a surgir, tanto pelo desejo materno, quanto pela baixa resposta aos estímulos e poucos recursos para mudança em relação ao estado clínico.

Conversas sobre realização de gastrostomia e traqueostomia foram iniciadas e discutidas com a família em reuniões multidisciplinares, para depois serem aceitas, como objetivo de desospitalização e seguimento da investigação diagnóstica de forma ambulatorial, já que fora do CTIN a recém-nascida teria mais recursos para estímulo e reabilitação.

Dentro desse contexto, foi trabalhado com a genitora a importância da construção do papel ocupacional de mãe, para empoderamento do cuidado com a filha e do seu fortalecimento também como cuidadora de um bebê com alterações motoras, sensoriais e que depende de oxigênio e gastrostomia. Ao longo desse processo foram realizadas algumas discussões com a psicologia para ter melhor entendimento da situação, no sentido de pensar intervenções com a dupla mãe-bebê.

No final da internação foi nítido o fortalecimento do vínculo e o empoderamento da genitora junto aos cuidados com a filha. Durante todo esse processo, a terapeuta ocupacional continuou a exercer atendimentos para o estímulo sensório-motor da recém-nascida, e revisava frequentemente as órteses para otimizar o seu posicionamento.

A última intervenção realizada pela terapia ocupacional baseou-se na confecção e entrega de encaminhamentos para serviços de estimulação e reabilitação, e na orientação da genitora, com a entrega de manuais que favorecessem também a continuidade da estimulação em casa.

Nesse relato, nota-se a magnitude de possibilidades de intervenções da terapia ocupacional para o recém-nascido, seus familiares e a equipe de saúde. É possível ampliar as possibilidades de discussões sobre as especificidades que envolvem as intervenções dos vários profissionais em relação ao bebê e sua família, sempre estando atento às demandas ao longo da internação, com o olhar voltado para o desenvolvimento do bebê e de seu vínculo com os pais e a possibilidade de desospitalização e autonomia em relação aos cuidados do recém-nascido em casa.

Considerações finais

Em suma, pode-se concluir que trabalhar com bebês e suas famílias exige que o terapeuta ocupacional desenvolva uma escuta aguçada, um olhar cada vez mais capaz de capturar as sutilezas da linguagem não verbal e realizar a leitura das ações. Essa leitura permite a localização das rupturas e, conjuntamente com os pacientes, o mapeamento de seu cotidiano e a exploração de novas configurações existenciais.

A construção do olhar e da escuta vem do acúmulo de experiência na prática profissional (Matsuo, 2016), seja por meio de intervenções que promovam a humanização, ou abordagens terapêuticas e estímulos que irão interferir na qualidade de vida e nos aspectos do desenvolvimento neuropsicomotor do recém-nascido, tendo como propósito, juntamente com a equipe, criar estratégias que possibilitem aliar a tecnologia de saberes, procedimentos e equipamentos ao acolhimento e respeito às individualidades do recém-nascido e de sua família (Dittz & Rocha, 2018; Matos, 2020), uma vez que a intervenção com o recém-nascido implica a participação da família como cuidadores imediatos dos bebês. Assim, o terapeuta ocupacional tem também a possibilidade de oferecer orientações para que a família realize as atividades de vida diária de seus filhos, fortalecendo a criação de vínculo e potencializando a segurança para os cuidados em casa (Dittz & Rocha, 2018).

Assim, as equipes de saúde dos CTIN, além de proteger e potencializar o desenvolvimento neuropsicomotor dos bebês, precisam também atuar com os pais, realizando acolhimento, desmistificando esse ambiente e fornecendo o suporte necessário para que eles possam desempenhar seu papel parental, envolvendo-se e participando dos cuidados com seu filho (Fraga et al., 2019).

Por isso, apesar de recente, pode-se perceber a importância do papel da terapia ocupacional no contexto de internação no Centro de Terapia Intensiva Neonatal, fomentando a ideia da implantação desse profissional nos Centros de Terapia Intensiva Neonatal.

Referências

Albuquerque, L. C., & Albuquerque, L. L. (2017). A importância do posicionamento no recém-nascido na UTI neonatal. *Revista Brasileira de Terapia Ocupacional, 24*(3), 242-249.

Barradas, J. T. A., et al. (2006). Vivências emocionais de mães de bebês prematuros durante a internação na UTI neonatal. *Psicologia em Estudo, 11*(1), 91-99.

Braga, A. P., & Sena, R. R. V. (2012). *Neonatologia: cuidados intensivos ao recém-nascido de risco*. (3ª ed.). Guanabara Koogan.

Brasil. (2012). Atenção à saúde do recém-nascido: guia para os profissionais de saúde. (3ª ed.). Ministério da Saúde.

Carvalho, M. A., & Pereira, A. P. A. (2017). Importância da Terapia Ocupacional na humanização do cuidado neonatal. *Revista Terapia Ocupacional da Universidade de São Paulo, 28*(2), 232-240.

Coffito. Resolução nº 424, de 8 de novembro de 2013. Dispõe sobre a regulamentação da atuação do terapeuta ocupacional em ambiente hospitalar. *Diário Oficial da União*, DF, 12 nov. 2013. Seção 1, p. 197.

Dittz, D. B., & Rocha, A. S. (2018). *Desenvolvimento neuropsicomotor de recém-nascidos e práticas de estimulação precoce na UTI neonatal*. Manole.

Fraga, F. F. C., et al. (2019). Grupos de apoio para pais de bebês prematuros: uma revisão integrativa. *Ciência & Saúde Coletiva, 24*(9), 3287-3298.

Galheigo, S. M., & Tessuto, S. R. Terapia Ocupacional: uma história de desafios e superações no Brasil. *Revista Terapia Ocupacional da Universidade de São Paulo, 21*(3), 208-213.

Gradim, C. V., & Paiva, M. A. S. (2018). *Órteses e adaptações para recém-nascidos na UTI neonatal.* Congresso Brasileiro de Terapia Ocupacional. Anais eletrônicos. ABRATO, 123-134. http://www.abrato.org.br/congresso2018.

Joaquim, C. R., et al. (2014). Apoio psicológico a pais de recém-nascidos internados em unidade de terapia intensiva neonatal. *Psicologia: Teoria e Prática, 16*(1), 187-200.

Kielhofner, G. (2011). *Modelos de ocupação humana: teoria e aplicação.* (4th ed.). Manole.

Martins, G. (2017). O papel ocupacional de mães de bebês prematuros. *Revista Terapia Ocupacional da Universidade de São Paulo, 28*(1), 116-124.

Matsuo, A. M. (2019). Produção científica da Terapia Ocupacional em neonatologia no Brasil: uma revisão integrativa. *Cadernos Brasileiros de Terapia Ocupacional, 27*(1), 38-49.

Menegat, R., et al. (2020). Vínculo mãe-bebê e a importância do toque gentil na UTI neonatal. *Psicologia Hospitalar, 18*(2), 218-228.

Moreira, M. E. L., et al. (2014). Avanços e desafios na assistência ao recém-nascido prematuro. *Revista Brasileira de Enfermagem, 67*(2), 303-310.

Morimoto, S. M., et al. (2020). Avaliação do desenvolvimento neuropsicomotor de crianças pré-termo após alta hospitalar. *Revista Paulista de Pediatria, 38*(2), 249-256.

Rubio-Grillo, M. H. (2019). Estimulação sensório-motora e desenvolvimento de prematuros na UTI neonatal. *Revista de Terapia Ocupacional da Universidade de São Paulo, 30*(1), 112-120.

Souza, A. S., & Marino, V. C. (2013). Estresse e hospitalização na UTI neonatal: impactos no desenvolvimento do recém-nascido. *Psicologia em Estudo, Maringá, 18*(4), 607-617.

Souza, C. P., & Teixeira, M. A. C. (2022). Intervenção da Terapia Ocupacional na humanização do cuidado neonatal. *Revista Brasileira de Terapia Ocupacional, 23*(2), 183-190.

Stefana, A., & Lavelli, M. (2017). Capacidad de adaptación y resiliencia en padres de recién nacidos prematuros en la unidad de terapia intensiva neonatal. *Revista de Psicología, 13*(1), 45-54.

Taurisano, M. F., et al. (2020). Aspectos emocionais de pais de recém-nascidos prematuros na UTI neonatal. *Psicologia em Pesquisa, Brasília, 14*(1), 101-114.

Testa, M. R., et al. (2002). Impacto do posicionamento no leito e intervenções de enfermagem em neonatologia. *Nursing, 5*(58), 17-22.

Vieira, M. C., & Pinheiro, M. M. R. (2021). Intervenções terapêuticas em famílias de recém-nascidos na UTI neonatal. *Família, Saúde e Desenvolvimento, Lisboa, 5*(1), 23-31.

9. Os desafios do aleitamento materno em uma Unidade de Terapia Intensiva Neonatal

Letícia Guersoni Silveira Alves

A terra para chegar a primavera mudou três vezes de estação.

Milton Nascimento

Leite materno: o melhor alimento para o bebê

Já está bem estabelecido pelos órgãos de saúde de todo o mundo que o leite materno é a forma mais eficaz e econômica de assegurar a diminuição da morbimortalidade infantil, tendo grande impacto também na promoção de saúde da criança no geral, a curto e longo prazo. Não menos importante, traz à mulher prevenção de doenças crônicas futuras e câncer, além de promover autoestima e confiança, auxiliando nos cuidados com seu bebê (Ministério da Saúde, 2019).

Sendo assim, o Ministério da Saúde, por meio do *Guia Alimentar para Crianças Brasileiras Menores de 2 anos*, recomenda o aleitamento materno de forma exclusiva até os 6 meses de vida, quando não há situação adversa, sendo estendido de forma complementar até os 2 anos ou mais. São poucas as condições em que o aleitamento materno esteja contraindicado permanentemente.

O leite materno traz ao bebê inúmeros benefícios que auxiliam no combate de doenças comuns ao ambiente hospitalar, como possíveis sepses e infecções; e também auxilia na prevenção de doenças decorrentes da prematuridade, como a enterocolite necrosante e as intolerâncias alimentares comumente associadas à imaturidade fisiológica do trato gastrointestinal e ao uso precoce de fórmulas infantis, sendo de suma importância que esse lactente entre em contato o mais precocemente possível com o leite de sua mãe (Carr et al., 2021).

A amamentação é um direito da mãe, e ser amamentada é um direito da criança (Ministério da Saúde, 2019), mas quando há alguma situação adversa, como nos casos de internações prolongadas do binômio mãe x bebê, o aleitamento materno pode ser mais desafiador, fazendo com que esta mãe não consiga amamentar da forma como gostaria.

O bebê internado em um ambiente de cuidados intensivos, logo ao nascer, pode permanecer por algum período em jejum, ou necessitar do uso de sondas ou ostomias (por exemplo, a gastrostomia) de via enteral para alimentação, o que impossibilita que sua mãe ofereça, de forma direta, o seio. Assim, é cada vez mais importante o apoio à mãe lactante, facilitando e intermediando de maneiras claras e efetivas o incentivo e a promoção do aleitamento materno dentro do Centro de Terapia Intensiva Neonatal (CTIN).

Manejo do aleitamento materno em uma unidade de terapia intensiva neonatal

O aleitamento materno traz consigo uma excelente maneira de criar vínculos afetivos entre mãe e bebê. Ao ser amamentado diretamente no seio, ele recebe estímulos que auxiliarão em seu desenvolvimento global, como trocas de calor, toque pele a pele, sons, cheiros e gostos variados de leite (a depender da dieta materna), estreitando mais os laços afetivos entre mãe e filho (Ministério da Saúde, 2019).

Embora a amamentação seja a forma mais natural de alimentação de um bebê até os seis meses de vida, cada amamentar é único, o que exige, principalmente no início, compreensão, treino e adaptação tanto da mãe quanto do bebê. O tempo até que o aleitamento materno esteja bem estabelecido varia de acordo com a rotina e a circunstância de cada família, podendo ser mais difícil dentro do contexto de um CTIN, onde as internações podem ser prolongadas e o ambiente controlado por terceiros, dificultando o convívio no dia a dia da mãe e do bebê (Ministério da Saúde, 2018). O aleitamento materno apenas é possível quando há a presença da mãe, sendo uma forma de cuidado única, que só ela pode fornecer a seu filho. Acaba sendo uma das principais maneiras de permitir à mãe que exerça seu papel e participe ativamente dos cuidados do bebê, mesmo que dentro de um ambiente pouco favorecido ou em situação adversa (Ministério da Saúde, 2018).

Pensando em mais esse desafio, o atendimento da equipe de nutrição e do Banco de Leite Humano (BLH) do CTIN realiza diariamente o atendimento às mães e aos seus bebês, auxiliando as famílias na promoção do aleitamento materno. Nesta unidade, preconiza-se fazer um primeiro atendimento tanto à puérpera quanto ao bebê dentro das primeiras 72 horas de vida do recém-nascido, pensando na necessidade inicial de estabilidade clínica e no tempo para que aconteça a apojadura, comumente entre o 3º e o 5º dia pós-parto (Ministério da Saúde, 2015).

Conforme preconizado nas Diretrizes de Cuidado do Método Canguru, 2019, o atendimento tem como objetivo realizar as orientações iniciais quanto ao início e seguimento do aleitamento materno, caso seja um desejo da mãe amamentar e não haja contraindicação. É realizada então uma busca ativa à puérpera em seu leito de internação em enfermaria de Obstetrícia, ou até mesmo dentro do próprio CTIN, no leito do recém-nascido, para que haja o primeiro contato para orientação inicial, ou até mesmo feito o acolhimento quando a procura por atendimento acontece de forma proativa da mãe. Dá-se a orientação quanto à importância do amamentar de modo geral e quanto aos possíveis sintomas clínicos decorrentes da apojadura, como inchaço nos seios, sensibilidade, ardência, maior produção láctea e manutenção dessas alterações, visando a evitar qualquer intercorrência, como ingurgitamento mamário ou mastite (Ministério da Saúde, 2015).

Após realizadas as primeiras orientações, inicia-se o trabalho, em conjunto com a família, do manejo do aleitamento materno, para aqueles bebês que estão aptos a mamar diretamente no seio após o nascimento; em suma, é ofertada a dieta a esses bebês de três em três horas, totalizando oito vezes ao dia, com prioridade sempre à oferta do seio materno quando a mãe estiver presente na Unidade e tiver o desejo de amamentar. É liberado, pela rotina deste CTIN, a permanência do bebê no seio por até 1 hora (dentro dos horários estabelecidos na Unidade) a cada mamada, e é realizado o manejo e auxílio da amamentação sempre que solicitado pela mãe ou por qualquer funcionário da equipe multiprofissional.

Para os casos em que há, inicialmente, a contraindicação da via oral ao nascimento (sendo necessário o uso de sondas e ostomias para alimentação), é preconizada primeiramente a avaliação do bebê pela equipe de fonoaudiologia, para identificar se ele está pronto para mamar, observando sinais de prontidão, ausência de disfagia e estabilidade clínica. Após a liberação pela equipe multiprofissional e prescrição médica, a equipe de nutrição e do BLH passa a auxiliar na transição da dieta de sonda para via oral, podendo auxiliar no manejo descrito.

O caminho inverso também pode acontecer. Ainda há casos em que é liberada a amamentação diretamente em seio materno (pois não há nenhuma adversidade impeditiva inicial aparente), porém é identificado, no momento do manejo, alguma dificuldade maior, movimento fora do esperado ou ausência de prontidão, podendo a equipe de nutrição e do BLH comunicar a equipe multiprofissional e solicitar avaliação da equipe de fonoaudiologia.

Assim, a equipe de nutrição e do BLH pode auxiliar a mãe e o bebê no momento da amamentação de forma ativa, orientando quanto a possíveis posições maternas para levar o bebê ao seio, pega correta do bebê, visando melhor extração e estímulo ao mamar, técnicas para melhor manejo do seio, quando este estiver muito cheio ou pouco cheio, e visando a prevenção de dores, fissuras ou rachaduras a longo prazo. Muitas vezes, são necessárias adaptações ainda mais individuais em razão da condição clínica atual da criança, que pode ter dispositivos, cateteres ou sondas para seguimento do tratamento daquilo que é o motivo da atual internação; ou até mesmo por causa da mãe, que teve uma gravidez de alto risco acompanhada nesta instituição, muitas vezes tendo doenças prévias agudas ou crônicas.

Para controle dos bebês que podem ser amamentados diretamente ao seio e seguimento, a equipe de nutrição e do BLH conta com algumas estratégias: acompanhamento diário da prescrição médica e das evoluções em prontuário da equipe de fonoaudiologia; participação em visita multiprofissional, que acontece na Unidade uma vez por semana, quando é discutido em conjunto, caso a caso; visita diária à beira do leito de todos os bebês internados, na qual são identificadas e monitoradas as possíveis complicações ou intercorrências das últimas 24 horas; e participação em *huddle* diário da Unidade, onde é discutida a programação do dia e identificadas demandas mais urgentes de toda a equipe. Assim, as orientações às mães são mais bem identificadas e realizadas, de forma mais assertiva.

Muito importante também é cuidar da saúde da mulher que acaba, muitas vezes, tendo longas jornadas dentro do CTIN para acompanhar a internação do bebê. É fundamental o apoio não só da equipe de nutrição e do BLH no âmbito técnico, mas de toda a equipe multiprofissional para que ela siga amamentando, uma vez que essa atividade depende de forma direta da qualidade de sua alimentação, hidratação, descanso e condição psicológica (Ministério da Saúde, 2015).

Cabe ressaltar que esses atendimentos visam sempre desenvolver a autonomia da mãe no que diz respeito a manter a produção de leite materno, enquanto não for possível colocar o bebê diretamente ao peito, para posteriormente poder amamentar mesmo com possíveis situações adversas, buscando encontrar uma melhor forma para que ela desenvolva esse cuidado. Gradativamente, a mãe começa a realizar esse manejo de forma mais segura e alcança sua independência para que, quando for possível a alta hospitalar, ela esteja segura em seguir com a amamentação pelo maior tempo possível, enquanto for o seu desejo.

Também é realizada pela equipe de nutrição e do BLH a orientação de alta hospitalar de todos os bebês internados nesta Unidade. No momento em que ela ocorre, ou até mesmo alguns dias antes (a depender da programação da Unidade e do desejo da família), orienta-se o tipo de alimentação que o bebê terá em casa, podendo ser aleitamento materno exclusivo, misto ou fórmula infantil exclusiva – este último é a recomendação ideal para quando o aleitamento materno foi contraindicado ou a mãe já não amamenta mais. Essa orientação acontece por meio do que foi apontado e acompanhado ao longo de toda a internação: observa-se fluxo de leite materno no seio, desempenho do bebê, estado nutricional prévio e atual, desejo materno de seguir com o aleitamento e disponibilidade da mãe nos cuidados do bebê no âmbito domiciliar, para que, em conjunto com a família, seja indicada a melhor orientação a ser seguida.

Assim, realiza-se uma conversa com os principais cuidadores do bebê, que na maior parte das vezes é a mãe. São realizadas as recomendações de alta de forma individualizada, orientando frequência de mamadas, estímulos ao seio, oferta de volume de mamadeira ou copinho, quando necessário, preparo adequado de fórmula infantil, técnica para manter o fluxo de leite materno no seio e manipulação adequada do leite materno ordenhado em casa, se houver. É entregue para os pais orientação impressa, assinada e carimbada, para que eles tenham em mãos a informação escrita, além de um panfleto contendo informações sobre aleitamento materno e ordenhas, e outro com informações sobre o preparo adequado e oferta de fórmula infantil, para famílias que as utilizam. Para os casos em que o seguimento clínico é mais específico ou há situação adversa, existe a possibilidade de encaminhamento para o ambulatório de nutrição de seguimento para recém-nascidos, que acontece em três períodos e dias distintos da semana, preconizando sempre o acompanhamento no mesmo dia em que houver a consulta com médico pediatra, facilitando o acesso ao hospital. A periodicidade das próximas consultas é acordada no momento da alta, a depender da necessidade.

Pela estatística mensal realizada na Unidade, no ano de 2023 foram orientadas aproximadamente 226 altas de bebês nascidos prematuros (apresentam maior tendência a dificuldades no aleitamento materno), sendo que cerca de 12% dessas altas foram de aleitamento materno exclusivo, taxa que se busca sempre aprimorar, e 67% delas, de aleitamento materno misto, quando há a necessidade de complemento com fórmula infantil recomendada de forma individualizada, mas que acontece também de forma frequente, a oferta de seio materno. Quando comparada a porcentagem entre o período de janeiro a maio de 2023 e janeiro a maio de 2024, a taxa de aleitamento materno exclusivo subiu de 10% para 19%, sendo fruto de todo o trabalho e aprimoramento realizado pela equipe do CTIN e das mães presentes nesta Unidade.

Banco de Leite Humano como estratégia de promoção ao aleitamento materno

No contexto hospitalar, um BLH pode ser de suma importância para o auxílio da equipe e da família na contribuição ao aleitamento materno. Segundo a RDC n. 171, de 4 de setembro de 2006, o BLH é responsável pela promoção, proteção e apoio ao aleitamento materno, desenvolvendo atividades de coleta, processamento, controle de qualidade e distribuição do leite humano ordenhado por uma nutriz, além de contribuir diretamente em campanhas de promoção e incentivo ao aleitamento materno.

É comum em um CTIN a demora ou a dificuldade até que o recém-nascido consiga ingerir por via oral, de forma plena, todo o volume necessário para seu crescimento e desenvolvimento, seja por prematuridade, alguma doença crônica ou síndrome genética, podendo surgir problemas relacionados a disfagia, intolerâncias alimentares ou necessidade de jejum prolongado (Delgado et al., 2024).

Pensando também nessa dificuldade, a equipe de nutrição e do BLH auxilia as mães do CTIN para que saibam realizar a manutenção necessária através de ordenhas para a extração de leite materno da melhor forma possível, e mantenham seus fluxos até que o bebê esteja apto a mamar diretamente ao seio. Esse setor conta com um Posto de Coleta de Leite Humano (PCLH), que, pela RDC n. 171, de 4 de setembro de 2006, é definido como "unidade, fixa ou móvel, intra ou extra-hospitalar, vinculada tecnicamente ao BLH e administrativamente a um serviço de saúde ou ao próprio BLH, responsável por ações de promoção, proteção e apoio ao aleitamento materno e execução de atividades de coleta da produção lática da nutriz e sua estocagem".

O PCLH deste Hospital mantém sua atividade 24 horas por dia, sete dias por semana, contando com funcionários capacitados tecnicamente para auxiliarem as mães no processo de ordenha. O espaço conta com quatro cabines, para que até quatro mulheres possam realizar o processo ao mesmo tempo, otimizando a rotatividade do uso. Todo o leite humano (LH) ordenhado no espaço é devidamente coletado, fracionado, armazenado e distribuído, dentro de um período de doze horas, a contar do momento em que a ordenha é finalizada, conforme preconizado em Norma Técnica 18.21 da Rede de BLH - IFF. Esse LH é distribuído de mãe para filho, conforme volume e frequência solicitada por equipe médica e de nutrição, e o que é excedente, congelado para possível tratamento de pasteurização, se autorizado pela mãe.

Para que a manutenção do fluxo de leite materno no seio seja feita da melhor forma possível até que o bebê esteja apto a mamar, recomendada a realização de ordenhas frequentes, de seis a oito vezes ao dia, visando inicialmente a evitar ingurgitamento mamário em razão da apojadura, e posteriormente visando manter a produção de leite, uma vez que, no período da amamentação chamado de lactopoese, o fluxo de leite se mantém a depender principalmente do estímulo adequado, no tempo adequado, frequentemente, como nas mamadas do bebê (Ministério da Saúde, 2019).

Na primeira vez em que a mãe visita o PCLH/BLH, ela recebe da equipe de nutrição e do BLH a orientação de todo o processo de ordenha, conforme o preconizado na Norma Técnica 16.21 da Rede de BLH - IFF. É apresentada ao espaço físico e orientada sobre a paramentação adequada para uso do local, a lavagem correta das mãos, o que não deve ser feito para evitar possíveis contaminações do espaço e/ou do seu próprio leite, a técnica adequada para realizar as ordenhas, o uso e funcionamento dos equipamentos e insumos disponíveis e a identificação adequada do LH ordenhado. A equipe acompanha todo o primeiro processo e esclarece as dúvidas. A intenção é que as mães sejam treinadas para usarem o espaço com autonomia nas próximas ordenhas e capazes de seguir com o processo livremente, para que o profissional da equipe apenas realize supervisão no local e auxílios pontuais. Comumente, é necessário mais uma ou duas orientações globais, com reforço das técnicas e normas de uso do espaço, uma vez que a quantidade de novas informações é alta no primeiro contato; dessa forma, é um espaço em que há sempre algum profissional da equipe de nutrição, bastando que a lactante sinalize a necessidade de nova orientação.

O PCLH conta com bombas elétricas de ordenha hospitalares disponíveis para que sejam usadas no setor; e com um número limitado de bombas elétricas de ordenha para serem emprestadas àquelas mães que não puderem adquirir uma para uso em domicílio, facilitando as ordenhas frequentes também em casa ou fora do ambiente hospitalar. Desde que a bomba esteja disponível para uso, o equipamento é disponibilizado mediante a assinatura de um documento de responsabilidade de empréstimo.

A indisponibilidade de bomba elétrica para ordenha não anula a possibilidade de se realizar ordenhas frequentes; por isso, as equipes de nutrição e do BLH também orientam sobre a utilização de bombas manuais de ordenha, e até mesmo a ordenha manual (realizada sem o auxílio de bomba extratora), esta última a mais recomendada pela Norma Técnica 16.21 da Rede de BLH-IFF, pois minimiza as chances de contaminação (não exige higienização dos aparelhos), apesar de exigir maior paciência e expertise da mãe no processo.

Ainda dentro do PCLH, fica disponível para as mães um caderno de presença para controle de uso do espaço e até mesmo para dupla checagem caso haja alguma dúvida quanto à identificação do LH ordenhado. Ao final do processo de ordenha, a lactante é orientada a registrar a presença nesse caderno com as seguintes informações: data da ordenha, número de identificação do bebê, data de nascimento do bebê, volume de LH ordenhado, horário de término da ordenha, campo para assinalar se realizou ordenha manual ou elétrica e nome de registro de internação do bebê. Dessa forma, é possível realizar ao final do mês o levantamento de quantas ordenhas foram realizadas no espaço e contribuir com os indicadores da Unidade e da Rede de Banco de Leite, fornecendo dados de qual o volume de LH foi ordenhado e manipulado no espaço.

Também nesse caderno de registro é realizado o controle de presença das mães, bem como do fluxo delas: diariamente é feita a conferência das ordenhas do dia anterior, que são registradas em uma planilha, para que seja contabilizado o número de ordenhas semanais e, posteriormente, mensais de cada lactante. Ao final de uma semana, quando é identificada a baixa presença de alguma lactante ou redução importante de fluxo de LH ordenhado, informa-se às equipes do BLH e de nutrição para então realizar uma busca ativa, a fim de entender o motivo pelo qual aconteceu a baixa frequência. Essa busca ativa pode acontecer, novamente, à beira do leito do bebê, dentro do próprio CTIN, em leito de enfermaria da obstetrícia, caso a lactante ainda esteja internada, ao longo de toda área do CTIN (contando com as áreas de conforto materno ou outras salas multiprofissionais em que ocorrem o atendimento às famílias); também comunica-se à equipe multiprofissional nos momentos de visita multiprofissional e *rounds* diários de programação.

Ao realizar a busca ativa, as equipes de nutrição e do BLH têm alguns objetivos: entender o motivo da baixa frequência de comparecimento ao espaço, identificação de intercorrências de força maior (que levaram ao baixo comparecimento ou à redução de fluxo de leite materno no seio), e entender se ainda é o desejo da puérpera seguir com o aleitamento materno. Às vezes, acontece a diminuição do comparecimento ao PCLH porque o aleitamento materno foi estabelecido com sucesso e a mãe passa a amamentar com maior frequência, sendo menos necessárias ordenhas. Contudo, se foi identificada uma situação adversa, é possível traçar um plano de ação para atendimento e seguimento da lactante de forma mais direcionada, realizando uma nova orientação e até mesmo o encaminhamento para outros membros da equipe multiprofissional: para a psicologia, caso a mãe relate dificuldades emocionais com o ambiente e a internação; para o serviço social, caso haja dificuldade de acesso ao hospital em razão de territorialidade ou condição social; para a equipe de enfermagem, caso haja dificuldade de entendimento do funcionamento das regras de internação do bebê.

O BLH e o PCLH, pela sua disponibilidade de uso, têm papel fundamental em promover o aleitamento dos bebês muito prematuros ou que não podem mamar diretamente ao seio, pois o leite materno ordenhado pode ser administrado de maneira eficaz mesmo através de sondas gástricas, entéricas ou de gastrostomias, beneficiando o bebê o mais precocemente possível do leite da sua mãe.

Como forma de contato precoce com o leite materno, neste CTIN também se realiza a *imunoterapia oral com leite humano*, mais comumente conhecida como "colostroterapia", que, pelo protocolo institucional, consiste na oferta de leite materno cru na mucosa oral do recém-nascido a partir do primeiro dia de vida, no volume de 0,2 mL em cada bochecha do bebê, de 3 em 3 horas, 8 vezes ao dia, por 10 dias, visando imunidade, e não nutrição. O objetivo é que esse leite seja absorvido ainda na boca do bebê, sem que ele precise deglutir, fazendo com que sejam raras as vezes em que a terapia é contraindicada, pois mesmo os bebês entubados, em uso de dieta enteral ou até mesmo em jejum possam participar dessa terapia.

Para que seja realizado esse protocolo, é necessário que a mãe tenha ordenhado seu leite, minimamente no período de 12 em 12 horas (período em que o leite cru é válido), pois neste CTIN preconiza-se o leite materno cru, que contém em sua totalidade todos os imunomoduladores que auxiliam no processo de início de colonização da mucosa do bebê (Huo et al., 2022).

O BLH ainda realiza promoção e incentivo ao aleitamento materno neste CTIN pela possibilidade de pasteurização do leite humano excedente das ordenhas, ou seja, daquele leite materno que não foi usado diretamente de mãe para filho, dentro das 12 horas de validade do leite cru, permitindo que o aproveitamento do volume ordenhado pela mãe seja maior, e também que o leite materno ordenhado em períodos de jejum do bebê seja usado de forma significativa a longo prazo.

A pasteurização é um processo vindo do campo da tecnologia de alimentos, definida como um tratamento térmico ao qual o leite humano ordenhado deve ser submetido para inativar sua microbiota; quando feito de maneira adequada, seguindo as normas técnicas descritas pela Rede de Banco de Leite, garante a letalidade de 100% dos possíveis organismos patogênicos que podem estar presentes, fazendo com que a validade deste leite passe a ser não mais de 12 horas, mas, sim, de seis meses, quando congelado após o processo.

A pasteurização do leite humano excedente também faz com que ele possa ser doado, de forma segura, de uma lactante para outros bebês (além de seu próprio filho) que necessitem do uso por causa de sua condição clínica, ou caso sua mãe não possa ou não queira, por algum motivo, amamentar. Isso garante maior acesso de leite materno ou humano aos bebês internados, aumentando significativamente as taxas de aleitamento materno após a alta, servindo também como incentivo às mães para que continuem realizando a manutenção de fluxo no seio, uma vez que todo o leite pode ser aproveitado, evitando desperdício.

O BLH deste Hospital também conta com serviço de captação de doação de leite humano de doadoras externas, ou seja, de lactantes que não têm bebês internados, amamentam seus bebês exclusivamente e que ainda assim têm uma quantidade de leite excedente. Uma vez que a lactante externa faz o primeiro contato com o BLH manifestando o desejo da doação, a equipe de nutrição e do BLH realiza as orientações e passos necessários para seguir com a doação: investigação quanto a condições de saúde e uso de medicações, solicita alguns exames de triagem infecciosa, orienta a forma adequada de ordenha e de armazenamento do leite, e combina a logística de coleta e doação, para que então haja, de fato, o cadastramento dessa doadora.

Atualmente, o BLH realiza o processo de coleta de doação externa e pasteurização uma vez por semana, sendo suficiente para realizar o manejo de todo o leite humano excedente sem que haja perda por validade. O PCLH fica disponível 24 horas por dia para os casos em que a lactante externa queira ir até o espaço para realizar a ordenha para doação diretamente no local, e para receber o leite das próprias mães dos bebês internados, que foram coletados em suas casas.

É por meio de todo esse trabalho de promoção e incentivo à amamentação que temos casos efetivos ao final da internação, como (1) uma prematura extrema, nascida de 27 semanas, permanecendo com uso de sonda orogástrica e posteriormente nasogástrica a mãe precisou realizar ordenhas para manutenção de fluxo por aproximadamente dois meses, até que se iniciasse a amamentação e que a bebê aprendesse de fato a mamar, tendo alta em amamentação exclusiva; (2) um bebê prematuro tardio, nascido com uma síndrome genética rara com acometimento neurológico, sendo necessário realização de gastrostomia para via de alimentação; a mãe permaneceu por toda a internação de seguimento ofertando seu leite materno por ordenhas e infusão na ostomia; (3) caso de trigêmeos nascidos muito prematuros; a mãe realizava a amamentação dupla nos horários de mamada, conseguindo otimizar a frequência de oferta de seio materno, mesmo sendo três bebês a mamar.

Ainda pensando nas atividades desenvolvidas visando promoção e incentivo ao aleitamento materno nesta CTIN, as equipes de nutrição e do BLH participam de campanhas internas em datas comemorativas importantes relacionadas ao tema, como o *Agosto Dourado,* campanha no Brasil instituída pela Lei Federal n. 13.345, de 12 de abril de 2017, que incentiva o aleitamento materno como o melhor alimento para o bebê; o *Novembro Roxo,* campanha que visa conscientização sobre os riscos da prematuridade, na qual um dos melhores fatores para melhora do seguimento clínico é a amamentação; e o dia 19 de maio, em que se comemora o Dia Mundial de Doação de Leite Humano, escolhido durante o V Congresso Brasileiro de Bancos de Leite Humano e I Fórum de Cooperação Internacional em Bancos de Leite Humano, realizado no ano de 2010, em Brasília, que visa ao incentivo às campanhas para doação de leite materno, com o objetivo de atingir cada vez mais famílias.

Por fim, vale ressaltar que o trabalho das equipes de nutrição e do BLH, em conjunto com toda a equipe multiprofissional, vem ajudando a aumentar as taxas de aleitamento materno neste CTIN, bem como a promover o aleitamento materno na Unidade. Contudo, tão importante quanto todo o trabalho técnico e assistencial é saber incluir a mãe nos cuidados de seu bebê e capacitá-la para a amamentação, quando há um desejo e disponibilidade de toda a família. O amamentar, como foi discutido até aqui, é muito importante em termos de imunização e desenvolvimento para o bebê, levando benefícios para toda sua vida.

Referências

Brasil. Agência Nacional de Vigilância Sanitária. Resolução RDC n. 171, de 4 de setembro de 2006. Dispõe sobre o Regulamento Técnico para o Funcionamento de Bancos de Leite Humano. *Diário Oficial da União*, Brasília, DF, 4 set. 2006.

Brasil. Ministério da Saúde. Secretaria de Atenção à Saúde. (2015). Departamento de Atenção Básica. *Saúde da criança: aleitamento materno e alimentação complementar.* (2nd ed.). Ministério da Saúde.

Brasil. Ministério da Saúde. Secretaria de Atenção Primária à Saúde. Departamento de Ações Programáticas Estratégicas. (2018). *Método canguru: diretrizes do cuidado.* Ministério da Saúde.

Brasil. Ministério da Saúde. Secretaria de Atenção Primária à Saúde. Departamento de Promoção da Saúde. (2019). *Guia alimentar para crianças brasileiras menores de 2 anos.* Ministério da Saúde.

Carr, L. E., et al. (2021). Role of Human Milk Bioactives on Infants' Gut and Immune Health. *Frontiers in Immunology, 12*, 604080.

Delgado, A. F., et al (Orgs.). (2024). Nutrologia. (3ª ed.). Manole.

Huo M., Liu C., & Mei H, et al. (2022). Intervention Effect of Oropharyngeal Administration of colostrum in Preterm Infants: A Meta-Analysis. *Front Pediatr, 10*, 895375.

Rede Brasileira de Bancos de Leite Humano (2021). BLH-IFF/NT 16.21. Ordenha de Leite Humano: Procedimentos Higiênicos Sanitários.

Rede Brasileira de Bancos de Leite Humano (2021). BLH-IFF/NT 18.21. Pré-estocagem do Leite Humano Ordenhado Cru.

10. O trabalho do assistente social em um centro neonatal

Gabriela de Souza Cia

A escrita é para mim o movimento de dança-canto que o meu corpo não executou, é a senha pela qual eu acesso o mundo.

Conceição Evaristo

É importante apresentar como é elaborado o processo de trabalho do Serviço Social no centro neonatal, considerando que o indicador da unidade foi estabelecido para abranger todas as famílias que têm seus bebês internados. Isto posto, o assistente social é responsável por acolher as famílias/responsáveis e desenvolver um acompanhamento pautado na ética, na escuta qualificada e com olhar crítico e atento às suas histórias de vida.

No primeiro contato com os familiares do bebê, normalmente é realizada a entrevista social, um dos principais instrumentais de trabalho da categoria, uma ferramenta essencial de coleta de dados sobre a situação socioeconômica e familiar, possibilitando a compreensão de suas necessidades, dificuldades, planejamentos e recursos com a chegada de um bebê. Com a coleta dessas informações, o assistente social obtém uma visão mais abrangente da realidade do paciente e de sua família, permitindo identificar vulnerabilidades e recursos disponíveis, além de desenvolver um plano de intervenção que aborde as demandas identificadas de forma completa e humanizada.

A atuação do assistente social está profundamente influenciada pelos desdobramentos da questão social, que, como afirma José Paulo Netto (2011), são entendidos como manifestações das contradições e desigualdades sociais resultantes da estrutura capitalista refletidas na exploração do trabalho, no desemprego estrutural, na pobreza, no racismo, na exclusão social, na falta de acesso a serviços básicos como saúde e educação. O autor também aponta que o assistente social tem papel fundamental na compreensão dessas manifestações, podendo intervir de forma a trabalhar na transformação das estruturas que as perpetuam. Por isso é tão importante manter uma conduta pautada na ética e no compromisso em questionar e enfrentar criticamente as injustiças estruturais que sustentam o sistema econômico atual.

O assistente social da neonatologia depara-se em sua atuação com as desigualdades socioeconômicas das famílias/responsáveis pelos pacientes. Isso pode incluir a dificuldade de acesso e permanência no hospital, condições de moradia inadequadas para os cuidados em domicílio, falta de rede de apoio familiar e comunitária e falta de recursos financeiros, podendo estar todas as questões diretamente atravessadas pelos determinantes sociais, que, como define a Comissão Nacional sobre os Determinantes Sociais da Saúde (CNDSS), estabelecida em 2006, são: "os fatores sociais, econômicos, culturais, étnicos/raciais, psicológicos e comportamentais que influenciam a ocorrência de problemas de saúde e seus fatores de risco na população" (Buss & Pellegrini Filho, 2007 apud Unasus). A avaliação do assistente social deve levar em consideração que a entrada dos pacientes no hospital ou outros serviços de saúde públicos também pode ser dificultada por questões econômicas ou geográficas. O seguimento do Serviço Social deve procurar maneiras de facilitar esse acesso, por meio de articulação com a rede socioassistencial e de saúde, além de orientações individuais e coletivas sobre direitos, políticas públicas e sociais, benefícios sociais, encaminhamentos para atendimento médico gratuito, contrarreferência para serviços localizados no território de moradia ou subsídios e recursos emergenciais, conforme necessário.

A rotina de trabalho do assistente social é estabelecida por critérios de urgência e diariamente é utilizado outro importante instrumental, o censo hospitalar. Nele estão listados os pacientes da unidade, divididos por leitos e quantidade de dias de internação, facilitando a visualização dos novos bebês para a primeira abordagem familiar. A partir do censo, o atendimento inicial é fundamentado na ficha-leito e no prontuário dos bebês e parturientes, em que as informações básicas relacionadas à gestação e ao nascimento estão contidas. É essencial a utilização dessas ferramentas para nortear a ética e a qualidade do primeiro acolhimento, pois é possível identificar se há histórico de abortos, situação de rua, uso nocivo de substância psicoativa, acompanhamento psiquiátrico e tratamentos médicos anteriores, alguns como critério de atendimento prioritário para o Serviço Social. Além desses documentos, o médico e a equipe multiprofissional podem solicitar avaliação e reavaliação de risco social mediante discussão de casos que apontam critérios para seguimento do assistente social, incluindo o fortalecimento da participação familiar relacionada à internação do bebê, localização da rede de apoio, histórico ou demandas atuais que possam colocar a criança em risco durante ou após a internação.

O atendimento inicial é normalmente realizado à beira do leito na enfermaria obstétrica, dentro das primeiras 72 horas da internação do bebê, para contemplar o indicador de trabalho do Serviço Social e abordar as famílias antes da alta materna. Nesse primeiro acolhimento é essencial a apresentação e o objetivo do atendimento. Importante levantar informações relacionadas ao itinerário terapêutico da parturiente, como planejamento da gestação, acompanhamento pré-natal, organização para as consultas, composição do grupo familiar, participação paterna, identificação da rede de apoio familiar e comunitária, organização de deslocamento até o hospital durante o pré-natal e planejamento para acompanhar a internação do bebê ao longo da internação. A confirmação de endereço e condições de moradia são essenciais – aqui é necessário apontar que o levantamento dessas informações tem a finalidade de pensar na segurança dos bebês para promover orientações pertinentes à realidade de cada família, e não no sentido de criminalizá-las ou sentenciá-las mediante sua realidade social.

É importante destacar que todos os familiares de pacientes internados no centro neonatal devem ser acolhidos, proporcionando um atendimento social que respeite a dignidade humana por meio da escuta e do diálogo. É necessário identificar a dinâmica familiar e os contextos de risco social com atenção cuidadosa para avaliar corretamente essas situações. Por exemplo, pobreza ou falta de recursos financeiros, por si só, não constituem risco social que impeça a alta do bebê junto com os familiares. Da mesma forma, o uso isolado de substâncias psicoativas também não caracteriza necessariamente uma situação de risco. É essencial avaliar um conjunto de fatores, como a frequência e o tipo de substância utilizada, se a parturiente recebe acompanhamento relacionado a esse uso, se ela possui rede de apoio presente e fortalecida. Outro exemplo é o caso de pessoas em situação de rua. É necessário e possível articular serviços de proteção na rede socioassistencial, como centros de acolhida, Centro de Referência Especializado de Assistência Social (Creas), Consultório na Rua, entre outros serviços que podem receber e acompanhar a família e o bebê após a alta. Em casos mais extremos, é fundamental articular encaminhamentos para a rede de proteção à criança, como o Conselho Tutelar e a Vara da Infância e Juventude. É essencial planejar em conjunto com a equipe multiprofissional do hospital uma alta segura para o paciente, garantindo o direito ao exercício da maternidade e da paternidade, assim como os direitos do bebê estabelecidos pelo Estatuto da Criança e do Adolescente.

Retornando ao atendimento inicial, que pode definir o plano terapêutico de cada família, é plausível que as principais demandas sejam elaboradas a partir dele. Para maior compreensão serão utilizados exemplos dos principais seguimentos acompanhados pelo Serviço Social.

Demandas de transporte

Para as orientações e encaminhamentos corretos é necessário o levantamento do endereço e condições de transporte/locomoção de cada família até o hospital. Na cidade de São Paulo, por exemplo, a prefeitura dispõe de um programa chamado Mãe Paulistana, que fornece um cartão gratuito para utilizar o transporte coletivo (metrô, ônibus e trem), voltado para gestantes e mães que possuem endereço de moradia na cidade e que realizaram o pré-natal também em São Paulo. Por se tratar de uma política pública municipal, o Hospital, que é gerenciado pelo governo do Estado, apenas solicita a manutenção de recargas do bilhete único, fornecendo um documento que indica que o bebê está internado e orientando a mãe a levá-lo em sua Unidade Básica de Saúde (UBS) de referência.

Para famílias de outras localidades é possível realizar a articulação com transporte ambulatorial da cidade por meio de contato telefônico e/ou envio de documento que informe a internação sem programação de alta do bebê, fundamentado pelo direito do recém-nascido de ter seus responsáveis legais como acompanhantes e o direito dos familiares de acompanharem o tratamento ao longo da internação. Essa articulação pode ser realizada com a Secretaria de Saúde ou setor responsável pelo agendamento de transportes. Ainda pensando na garantia do direito ao tratamento em outra cidade, é importante destacar a existência do Tratamento Fora de Domicílio (TFD), uma política pública federal que deve garantir a disponibilidade de transporte pelo SUS quando não há tratamento médico a pacientes em seu município de residência, por falta de recursos e condições técnicas. Por lei, o TFD deve fornecer transporte ou ajuda de custo nos casos em que o tratamento médico seja acima de 50 km do endereço de moradia do paciente.

À maternidade muitas vezes chegam famílias de outras regiões do país, para acompanhamento. Quando identificado que o paciente chegou pelo TFD, realiza-se contato com a cidade de origem/TFD para viabilizar a permanência dos familiares durante a internação e garantir uma desospitalização segura, identificando recursos e rede de atendimento para o seguimento do paciente após alta, se necessário.

Demandas por benefícios sociais e benefícios eventuais

No acompanhamento das famílias é possível identificar situações de risco social marcadas pelas mais diversas condições de vulnerabilidade social, sendo a questão econômica uma delas. Quando identificado que o grupo familiar tem critério para inclusão em programas de transferência de renda, como o Bolsa Família, são realizadas as orientações de encaminhamento ao Centro de Referência da Assistência Social (CRAS), sendo possível fornecer relatório destinado ao serviço abordando o contexto e solicitando atendimento voltado para acompanhamento do grupo familiar.

Outro importante benefício é o Benefício de Prestação Continuada (BPC) que, de acordo com o Ministério do Desenvolvimento e Assistência Social, Família e Combate à Fome, é previsto na Lei Orgânica da Assistência Social (LOAS), e se trata da garantia de um salário-mínimo por mês à pessoa com deficiência de qualquer idade. Essa condição deve ser capaz de lhe causar impedimentos de natureza física, mental, intelectual ou sensorial de longo prazo (com efeitos por pelo menos 2 anos), que a impossibilite de participar de forma plena e efetiva na sociedade, em igualdade de condições com as demais pessoas. Para as orientações relacionadas a esse benefício é necessário que o recém-nascido já tenha um diagnóstico estabelecido, uma vez que é considerado o principal critério, juntamente com a renda *per capita* do grupo familiar para a avaliação e concessão do BPC.

É possível caracterizar também os benefícios eventuais, vitais para auxiliar as famílias em momentos de crise extrema e vulnerabilidade. Eles permitem uma resposta rápida e eficaz do Serviço Social, proporcionando suporte imediato e prevenindo o agravamento das condições de vida dos beneficiários. Aqui pode-se citar o encaminhamento para doações de cesta básica e fórmula infantil de partida próximo à programação de alta dos bebês.

Articulação com casas de apoio

De acordo com a Secretaria de Saúde do Estado de São Paulo, casas de apoio são organizações de:

> *pessoas jurídicas de direito público e privado, organizadas sem fins lucrativos, legalmente constituídos sem qualquer vínculo com empresas privadas prestadoras de serviços à saúde, que realizam serviços de cunho social, que aceitam disponibilizar aos usuários do SUS suas instalações para acomodação (Secretaria da Saúde. Centro de Referência e Treinamento DST/AIDS-SP).*

Algumas casas de apoio localizadas em São Paulo aceitam hospedar pacientes ou acompanhantes de pacientes em seguimento no hospital. As famílias, em geral as mães, são encaminhadas para uma dessas casas quando há critério para tal, priorizando as que morem em outras cidades/estados e não tenham onde se abrigar durante o tratamento médico dos bebês. Essas casas podem exigir contrapartidas para a hospedagem, sendo as mais comuns: auxílio na manutenção da limpeza e higiene da casa, preparo da alimentação coletiva e algumas regras de horário de entrada e saída do local.

As mães de cidades longínquas e de outros estados são orientadas sobre os critérios de encaminhamento e permanência nas casas de apoio, podendo optar por permanecerem também na sala de conforto, localizada no CTIN. O local conta com estrutura mínima de acomodação (sofás, poltronas e banheiro), proporcionando um ambiente de acolhimento às mães, mesmo com limitação de espaço e de alguns recursos.

Orientação de direitos sociais

De maneira geral, é possível pensar nos principais direitos relacionados ao nascimento dos bebês, garantidos principalmente pela Constituição Federal de 1988 e outras leis específicas, como o artigo 7º, XVIII, que garante a licença-maternidade de 120 dias; o artigo 7º, XX, que garante a proteção do mercado de trabalho da mulher, mediante incentivos específicos; o artigo 201, II, que fala da proteção à maternidade, especialmente à gestante. Na Consolidação das Leis do Trabalho (CLT), especialmente nos artigos 391 a 400, é citada a estabilidade no emprego, condições de trabalho e licença-maternidade. O artigo 396 discorre sobre o direito a intervalos para amamentação. A Lei n. 8.213/1991 (Planos de Benefícios da Previdência Social), em seu artigo 71, discorre sobre o salário-maternidade. Essas leis visam a assegurar a proteção e o bem-estar da mãe e do bebê durante a gravidez e o período pós-parto.

A prorrogação da licença-maternidade de 120 para 180 dias é regulamentada pela Lei n. 11.770/2008, também conhecida como Programa Empresa Cidadã. Esta lei permite que tanto empresas privadas quanto órgãos públicos optem por estender a licença-maternidade mediante incentivos fiscais. A participação no programa é voluntária e depende da adesão da empresa. Essas leis têm como objetivo proporcionar melhores condições para a recuperação da mulher e o cuidado do recém-nascido, incentivando as empresas a oferecerem um período maior de licença-maternidade às funcionárias.

O Projeto de Lei n. 386/2023 estabelece a extensão da licença-maternidade em casos de complicações no parto que resultem em internações prolongadas da mãe ou do recém-nascido. Se a internação ultrapassar duas semanas, a licença-maternidade poderá ser prorrogada por até 120 dias após a alta hospitalar, descontando-se o período de repouso anterior ao parto. Este projeto altera a CLT e a Lei de Benefícios da Previdência Social (Lei n. 8.213/1991), alinhando-se com uma decisão do Supremo Tribunal Federal (STF) de 2022. Essa decisão estipula que, em casos de internações superiores a duas semanas, a contagem da licença e do salário-maternidade deve iniciar na data da alta hospitalar.

Acompanhamento das famílias durante a internação dos bebês

Cabe destacar que o Serviço Social tem importante papel na orientação às famílias no que diz respeito aos seus direitos e sua participação no período de internação dos bebês no centro neonatal, informando logo nos primeiros atendimentos que o hospital oferece condições mínimas de permanência na unidade durante a internação, como alimentação gratuita para o acompanhante principal; quando se tratar de mais de um bebê por família (gêmeos, trigêmeos etc.), cada um deles tem direito a um acompanhante e, portanto, a alimentação é ofertada para os respectivos acompanhantes.

Nos casos em que os genitores estão sempre presentes, mas há importante fragilidade econômica no grupo familiar, é possível que o assistente social discuta o caso com a equipe de nutrição para a liberação de mais uma alimentação, contemplando mãe e pai. As famílias também são orientadas sobre a existência de uma sala de conforto para as mães – que podem optar por pernoitar ou permanecer no local durante o dia –; o espaço oferece alguns sofás e poltronas, banheiro com chuveiro e armário com cadeado. Também são orientados sobre o horário do boletim médico (que é um momento programado para o médico informar o responsável presente sobre a evolução clínica do bebê), que ocorre em horários fixos diariamente no período da manhã e tarde.

O Serviço Social orienta sobre a existência do banco de leite do setor, importante espaço de acolhimento para as mães que podem e pretendem estimular a amamentação e a extração do leite materno. No mesmo local são retirados os *tickets* de autorização para alimentação no restaurante do hospital. Ainda, outra fundamental orientação é o reforço pela emissão da certidão de nascimento (CN) do bebê logo nos primeiros dias de vida.

O Serviço Social elaborou um importante instrumento de trabalho, que é o controle de frequência dos familiares. Esse documento é atualizado semanalmente e contém o nome dos bebês internados, o nome dos familiares e os dias da semana. O controle é entregue para o segurança, que faz a liberação de acesso das famílias ao centro neonatal. O documento passa então a ser um facilitador para verificar a rotina de acompanhamento dos familiares. Caso o Serviço Social identifique a ausência de uma família por um período prolongado, é possível repensar e trabalhar a dificuldade dos familiares em acessar o hospital. Importante destacar que o instrumental não tem papel fiscalizatório, ele é utilizado para identificar justamente as possíveis dificuldades das famílias em acompanhar a internação (transporte, questões econômicas, jornadas de trabalho, ausência de rede de apoio, entre outras) e por isso é importante sempre reforçar nos atendimentos que acompanhar todos os desdobramentos da internação dos bebês é um direito dos familiares.

Desospitalização de pacientes com necessidade de oxigenoterapia domiciliar/solicitação de insumos para a UBS/solicitação de equipe multiprofissional de atenção domiciliar (EMAD)

O fluxo de desospitalização é organizado quando a equipe médica, em conjunto com a fisioterapia, avalia que um paciente tem condições de receber alta hospitalar, mas ainda necessita de suporte ventilatório em casa. Nesse caso, é realizado um exame chamado titulação, que determina a quantidade de oxigênio necessária para manter o bebê confortável. Com base nos resultados, a equipe médica preenche um formulário específico do município de origem do paciente, detalhando os dados clínicos referentes à necessidade de oxigênio. O Serviço Social é responsável por encaminhar essa documentação ao setor de saúde do local de moradia do paciente, que cuidará da instalação da oxigenoterapia domiciliar, incluindo a aparelhagem e a manutenção do oxigênio no domicílio. É importante destacar que o Serviço Social realiza uma avaliação prévia, durante a entrevista social, para verificar as condições de habitação adequadas para a instalação do oxigênio na residência. O acompanhamento é mantido até a instalação do equipamento, informando a toda a equipe, em reunião multiprofissional, sobre o andamento do processo.

No processo de solicitação de insumos – que o bebê pode necessitar de acordo com algum problema que exija acompanhamento – para a UBS de referência do paciente, é necessário que a equipe médica forneça relatório indicando condição clínica para a alta hospitalar a depender do fornecimento de insumos e que a equipe de enfermagem elabore a solicitação dos materiais necessários para os cuidados em casa, como seringa, gaze, equipo de nutrição, entre outros. Com a documentação pronta, o Serviço Social fica responsável por articular o contato com a UBS para encaminhar a solicitação, muitas vezes via *e-mail* institucional, outras com exigência de que a família compareça no local munida da documentação. A partir daí, o assistente social passa a acompanhar o retorno da UBS frente à disponibilidade dos materiais junto à família.

Outra importante articulação do Serviço Social junto à UBS é a solicitação de atendimento domiciliar para pacientes que possuem critério de seguimento em cuidados de saúde em casa, a equipe multiprofissional de atenção domiciliar (EMAD), que, de acordo com a Prefeitura de São Paulo, se trata de:

> *[...] um Serviço de Atenção Domiciliar (SAD), criado pelo Governo Federal com o objetivo de ampliar o atendimento domiciliar e está disponível no Sistema Único de Saúde (SUS). A Atenção Domiciliar pode ser entendida como o conjunto de ações em saúde realizadas no domicílio, com a intenção de diminuir o risco de infecções, evitando hospitalizações desnecessárias, além de melhorar a gestão dos leitos hospitalares e o uso dos recursos. O objetivo principal é promover desospitalização segura, tanto na fase pré-hospitalar como pós-hospitalar, o mais precocemente possível, prestar atendimento multiprofissional no domicílio das pessoas que não podem locomover-se até a Unidade Básica de Saúde. É indicada para pessoas que, estando em estabilidade clínica, necessitam de atenção à saúde em situação de restrição ao leito ou ao lar de maneira temporária ou definitiva ou em grau de vulnerabilidade na qual a atenção domiciliar é considerada a oferta mais oportuna para tratamento, paliação, reabilitação e prevenção de agravos, tendo em vista a ampliação de autonomia do usuário, família e cuidador" (Atenção Domiciliar, Prefeitura de São Paulo).*

O assistente social fica responsável por mediar essa solicitação de acompanhamento, garantindo o encaminhamento de relatórios e a efetivação de discussões de caso entre as equipes, quando necessário. É de extrema importância destacar o processo de desospitalização quando se trata de um hospital terciário, especializado em casos de alta complexidade. A programação de alta no centro neonatal muitas vezes exige o suporte da atenção básica para garantir a continuidade dos cuidados ao paciente. Isso abrange o acompanhamento pediátrico de rotina dos bebês, o seguimento das necessidades do grupo familiar, identificadas durante a internação, e a solicitação de insumos necessários para os cuidados domiciliares em demandas muitas vezes pós-cirúrgicas, como gastrostomia e traqueostomia.

Ainda na rotina de trabalho do assistente social, além dos atendimentos individuais, o Serviço Social participa ativamente de diversas discussões de caso. Uma dessas discussões é a reunião diária realizada pela manhã, conhecida como *safety huddle*. Esta reunião, conduzida por um médico, é rápida e objetiva, abordando as pendências e programações da unidade no plantão diário. Além disso, há uma reunião multiprofissional semanal, também liderada por um médico, que conta com a presença de um representante de cada área. Nesta reunião, são discutidos o histórico e a evolução clínica de todos os pacientes internados, assim como as intervenções realizadas por cada profissional. O Serviço Social tem participação efetiva, apresentando o contexto familiar e seus desdobramentos, sempre respeitando o sigilo e a ética profissional para proteger a história de vida dos pacientes e familiares.

Semanalmente ocorre um grupo de pais, que é organizado pela psicologia. Nesta roda de conversa com os familiares, um membro de cada equipe está presente para esclarecer possíveis dúvidas que surgem ao longo do encontro. O assistente social pode, nesses momentos, esclarecer dúvidas individuais e coletivas relacionadas a direitos sociais. Também semanalmente ocorre o grupo da psicopatologia, conduzido pela equipe de psiquiatria do setor da obstetrícia. Nessa reunião, são discutidos os casos de gestantes acompanhadas por alguma demanda de saúde mental durante o pré-natal e que pode repercutir com necessidade de acompanhamento após o nascimento do bebê.

A inserção dos assistentes sociais na equipe multiprofissional do centro neonatal facilita também a comunicação entre os profissionais de saúde, criando um espaço de trocas e fortalecimento entre a saúde básica e de alta complexidade, sempre em favor das famílias e dos bebês. A atuação do Serviço Social é crucial para promover um cuidado de saúde que garanta a efetivação de direitos em uma perspectiva de transformação das estruturas, muitas vezes opressoras e exploradoras do sistema capitalista. E isso fica mais evidente na rotina de trabalho do assistente social no centro neonatal, considerando o importante vínculo criado principalmente com as genitoras, uma vez que a sala de atendimento fica localizada no espaço de conforto das mães, o que proporciona um contato diário e presente nas demandas de rotinas, mas também no acompanhamento e seguimento dessas famílias. É muito comum que os desdobramentos também ocorram a partir de atendimentos de rotina ou acolhimentos pontuais, em que as mães apresentam momentos de angústia, tristeza, falta de informações, e acabam por compartilhar momentos difíceis referentes ao tempo de internação do bebê e de sua organização familiar e de rotina externa. Por isso é muito importante o olhar, a escuta e o direcionamento, quando necessário, para outras áreas profissionais, como a psicologia, a equipe médica, a enfermagem. A equipe de psicólogos trabalha em parceria com o Serviço Social e o encaminhamento feito pelo assistente social, em geral, ocorre a partir desses atendimentos.

O Serviço Social vem elaborando encontros esporádicos conduzidos pelo assistente social preceptor e pelo residente na sala de conforto das mães. Esse grupo é pontual e ocorre no espaço de encontro das mães justamente para abordar questões relacionadas ao pertencimento das famílias durante a internação e aos desdobramentos relacionados aos direitos dos bebês e do grupo familiar. São abordados temas como benefícios sociais, organização da rede socioassistencial e como acessá-la no território.

Considerações finais

Em conclusão, é de extrema importância apresentar o trabalho e a participação do assistente social em uma maternidade, abordando as questões estruturais e sistêmicas que afetam as puérperas, mães e recém-nascidos, particularmente aqueles das classes trabalhadoras. O Serviço Social desempenha um papel essencial na identificação e elaboração de propostas e seguimentos pautados na redução das desigualdades socioeconômicas que perpetuam a opressão e a exploração das mulheres, especialmente em contextos de maternidade.

O assistente social trabalha pelo enfrentamento de desafios pessoais e concretos do direito à maternagem, mas também com os desafios decorrentes das condições materiais e das relações de produção que influenciam suas vidas, orientando as famílias sobre os direitos trabalhistas e sociais, e direcionando no acesso a recursos e serviços que podem aliviar as pressões econômicas impostas pelo sistema econômico e social vigente. A atuação dos assistentes sociais é vital para prevenir que complicações sociais e econômicas, exacerbadas pela exploração capitalista, impactem negativamente a saúde do bebê e sua família. Isso inclui a falta de suporte familiar, dificuldades financeiras e problemas de habitação, que são frequentemente resultados das desigualdades estruturais do sistema capitalista.

Além disso, assistentes sociais também podem atuar na educação popular através dos grupos com as famílias, orientando sobre direitos, mas também sobre cuidados neonatais, fortalecimento de redes de apoio, apropriação de ferramentas e serviços socioassistenciais do território de cada paciente, promovendo práticas e discussões que podem contribuir para a resistência e elaboração de novas perspectivas e organização relacionadas às dificuldades e falta de acesso no cotidiano dessas pessoas. É possível trabalhar perspectivas de reduzir as desigualdades no acesso ao atendimento de saúde, proporcionando suporte a mulheres em situações de vulnerabilidade, como adolescentes grávidas, mães solo e vítimas de violência doméstica, que são frequentemente as mais exploradas e marginalizadas pelo sistema capitalista.

Referências

Brasil. Ministério do Desenvolvimento Social. Benefício Assistencial ao Idoso e à Pessoa com Deficiência (BPC). https://www.gov.br/mds/pt-br/acoes-e-programas/suas/beneficios-assistenciais/beneficio-assistencial-ao-idoso-e-a-pessoa-com-deficiencia-bpc..

Brasil. Ministério da Saúde. Portaria Conjunta n. 28, de 19 de março de 2021. https://www.in.gov.br/en/web/dou/-/portaria-conjunta-n-28-de-19-de-marco-de-2021-309562565.

Brasil. Instituto Nacional do Seguro Social. Prorrogação do Salário-Maternidade é Regulamentada. https://www.gov.br/inss/pt-br/assuntos/prorrogacao-do-salario-maternidade-e-regulamentada.

Brasil. Senado Federal. CAE aprova prorrogação de licença-maternidade em caso de internação. https://www12.senado.leg.br/noticias/materias/2024/06/11/cae-aprova-prorrogacao-de-licenca-maternidade-em-caso-de-internacao.

Brasil. Instituto Nacional do Seguro Social (INSS). Prorrogação do salário-maternidade é regulamentada. https://www.gov.br/inss/pt-br/assuntos/prorrogacao-do-salario-maternidade-e-regulamentada.

Brasil. Constituição (1988). Constituição da República Federativa do Brasil: promulgada em 5 de outubro de 1988. Senado Federal. Art. 7º, XVIII e XX.

Brasil. Constituição (1988). Constituição da República Federativa do Brasil: promulgada em 5 de outubro de 1988. Senado Federal. Art. 201, II.

Bravo, M. I. (2010). *Serviço Social e reforma sanitária: lutas sociais e práticas profissionais.* (3ª ed.). Cortez.

Buss, P. M., & Pellegrini Filho, A. *Determinantes Sociais.* https://www.unasus.unifesp.br/biblioteca_virtual/esf/11/Unidade2/Determinantes_Sociais/p_06.html.

Cetrone, C. (2024). Pessoas que gestam: quem são? *Revista Marie Claire*. https://revistamarieclaire.globo.com/direitos-reprodutivos/noticia/2024/04/pessoas-que-gestam-quem-sao.ghtml.

Conselho Federal de Serviço Social. Parâmetros para Assistentes Sociais na Saúde. Versão preliminar. https://www.cfess.org.br/arquivos/Parametros_para_Assistentes_Sociais_na_Saude_-_versao_preliminar.pdf.

Graciano, M. I. G. (2013). *Estudo socioeconômico: um instrumento técnico-operativo*. Veras.

Minayo, M. C. S. (Org.), Deslandes, S. F., & Gomes, R. (2016). *Pesquisa Social: teoria, método e criatividade*. (6ª ed.). (Série Manuais Acadêmicos). Vozes.

Netto, J. P., & Braz, M. (2011). *Economia Política: uma introdução crítica*. (7ª ed.). Cortez.

Prefeitura de São Paulo. Secretaria Municipal de Governo. Programa Toda Criança Importa. Mãe Paulistana. https://www.prefeitura.sp.gov.br/cidade/secretarias/governo/toda_crianca_importa/mae_paulistana/.

Prefeitura de São Paulo. Secretaria Municipal da Saúde. NUPES – Núcleo de Pesquisas Epidemiológicas em Nutrição e Saúde. https://www.prefeitura.sp.gov.br/cidade/secretarias/saude/nupes/index.php?p=12923.

São Paulo (Estado). Secretaria da Saúde. Centro de Referência e Treinamento DST/AIDS-SP. Casas de Apoio. http://saude.sp.gov.br/centro-de-referencia-e-treinamento-dstaids-sp/osc/casas-de-apoio#:~:text=Casas%20de%20Apoio%20s%C3%A3o%20%22Pessoas,SUS%20suas%20instala%C3%A7%C3%B5es%20para%20acomoda%C3%A7%C3%A3o.

São Paulo (Cidade). Secretaria da Saúde. Atenção Básica. https://www.prefeitura.sp.gov.br/cidade/secretarias/saude/atencao_basica/index.php?p=346112.

Senado Federal. Licenças para mães e pais. https://www12.senado.leg.br/noticias/entenda-o-assunto/licencas-para-maes-e-pais.

11. Atuação fonoaudiológica em unidade neonatal: abordagem maternoinfantil

Camila de Gouvêa

> *Pouco a pouco, o tempo da alimentação por sonda se enche de sentido, sob o olhar unificador do adulto em relação ao bebê, que é agora carregado e segurado de outra maneira.*
>
> Yolaine Quiniou

No delicado mundo do Centro de Terapia Intensiva Neonatal (CTIN), onde cada respiração e cada batimento cardíaco são meticulosamente monitorizados, a atuação fonoaudiológica abrange uma ampla gama de intervenções cruciais destinadas a promover o melhor desenvolvimento da alimentação, audição e comunicação em bebês. Para isso é necessário detectar as alterações do sistema sensório-motor-oral, em relação à coordenação das funções de sucção, de deglutição e de respiração nos recém-nascidos, bem como identificação precoce de perdas auditivas para promoção de um desenvolvimento infantil adequado.

A população de unidades intensivas neonatais abrange bebês nascidos prematuramente ou com doenças congênitas que afetam a sua capacidade de engolir, em que, por vezes, a alimentação ocorre de forma alternativa temporária (por sonda oro/nasogástrica) ou de longa permanência (gastrostomia), bem como estão sujeitos a problemas auditivos que vão precisar de avaliação do lactente para atuação precoce.

Neste capítulo, serão aprofundados três subtemas fundamentais nessa área: a concepção da atuação fonoaudiológica neonatal, o apoio à amamentação/aleitamento materno e atuação interdisciplinar. Por meio de uma abordagem interdisciplinar, serão explorados a importância da intervenção precoce, os benefícios da amamentação para o desenvolvimento motor oral, nutricional e de fala adequados, bem como os esforços colaborativos essenciais para um cuidado holístico.

Atuação fonoaudiológica neonatal

A fonoaudiologia desempenha um papel crucial no desenvolvimento nutricional e global infantil, uma vez que crianças internadas em CTIN por vezes enfrentam desafios relacionados com a alimentação e a coordenação motora oral.

Os fonoaudiólogos, por meio de estimulação precoce, com realização de exercícios musculares e treino das competências de sucção, deglutição e respiração de forma coordenada que habilitam a amamentação, propiciam um desenvolvimento global efetivo e adequado, uma nutrição segura, bem como promovem melhor interação da mãe e da família com seu bebê.

As estratégias de intervenção concentram-se na habilitação sensorial e motora do bebê, bem como manejo em oferta alimentar, em seio materno ou em bicos artificiais, como as mamadeiras. Isso inclui avaliar as habilidades motoras orais do bebê, a coordenação entre sugar, engolir e respirar, e a prontidão geral para a alimentação. Os bebês nascidos pré-termo ou aqueles com síndromes frequentemente apresentam dificuldade em coordenar essas funções, o que pode levar a dificuldades de alimentação e a uma ingestão nutricional inadequada (Piazza, 1999; Flabiano, et al., 2005; Xavier, 1998).

Os fonoaudiólogos utilizam uma variedade de técnicas para apoiar os bebês no CTIN em seu desenvolvimento alimentar, incluindo exercícios passivos de estimulação motora extra e intraoral e protocolos de treino de sucção não nutritiva e estimulação nutritiva, visando a promover o sucesso da alimentação.

Os exercícios motores orais têm como foco fortalecer os músculos da bochecha, lábios e língua (estimulação motora extra e intraoral), bem como promover melhor sensibilidade, com impacto direto na capacidade de sucção do lactente.

A estimulação de sucção não nutritiva envolve proporcionar aos bebês oportunidades de praticar a sucção sem receber qualquer volume de leite via oral, contribui para a maturação dos reflexos de sucção, melhora a pressão e a sensibilidade intraoral, facilitando a extração de volume lácteo da mama ou mamadeira.

Por sua vez, a estimulação de sucção nutritiva visa à efetiva coordenação entre a extração de volume através da sucção, com controle oral e ejeção à laringe e deglutição, conjuntamente com a respiração (Moura, et al., 2009; Hernandez, 2003; Neivas, 2007).

Para o lactente, as três ações (sucção, deglutição e respiração) devem ocorrer de forma sequencial, porém nunca de forma simultânea. Se esta coordenação não ocorrer de forma adequada, vai acarretar aspiração – entrada de conteúdo alimentar e/ou salivar na via aérea, podendo chegar aos pulmões e causar alterações respiratórias na criança.

Nesse treino é realizada avaliação de desempenho em mamadeira e/ou posicionamento adequado em seio materno para avaliação completa das habilidades alimentares dos bebês, identificando as áreas de dificuldade e realizando ajustes durante o aleitamento, abarcando as necessidades específicas do bebê e desenvolvendo planos/ajustes para uma alimentação bem-sucedida. O sucesso da alimentação oral acontece pelo treino preciso dessas habilidades (sucção, deglutição e respiração), garantindo nutrição adequada e segura, reduzindo e/ou eliminando o risco de aspiração ou asfixia.

Outra atribuição do fonoaudiólogo dentro do CTIN é avaliar a audição do recém-nascido internado, uma vez que inúmeras são as causas de surdez congênita. A triagem auditiva neonatal é um procedimento obrigatório (Lei Federal n. 12.303, de 2 de agosto de 2010) dentre as triagens neonatais, que são realizadas logo após o nascimento para detectar possíveis problemas auditivos em bebês.

Seu objetivo é detectar precocemente eventuais alterações auditivas para que a intervenção possa começar prontamente, de preferência nos primeiros meses de vida (Northern, 1989; Dutra, 2010; Onoda et al., 2010; Durante et al., 2004).

Os principais exames usados para triagem auditiva neonatal são:

- Teste de emissões otoacústicas (EOA): tem por objetivo verificar se a audição está dentro dos padrões de normalidade ou não. Em caso de ausência de respostas, o bebê será submetido a um reteste e, em caso de nova ausência de respostas, é encaminhado para investigação diagnóstica.
- Potencial evocado auditivo do tronco encefálico (PEATE): exame cujo objetivo é verificar a integridade da via auditiva, bem como auxiliar no diagnóstico de possíveis alterações de audição, além de monitorar o amadurecimento da via auditiva que ocorre ao longo dos dois primeiros anos de vida.

A detecção precoce da perda auditiva é crucial, uma vez que, para que a fala e a linguagem se desenvolvam, é necessário ouvir, analisar, interpretar e associar o som a determinado objeto. A intervenção precoce melhorará o desenvolvimento global do indivíduo, permitindo sua inserção na sociedade. As intervenções podem incluir aparelhos auditivos, implantes cocleares e atendimentos de intervenção precoce, como terapia da fala (Durante et al., 2003; Borges, 2006).

Aleitamento materno

O aleitamento materno é amplamente reconhecido como a forma ideal de nutrir os bebês, fornecendo uma mistura única de nutrientes, anticorpos e outros componentes bioativos que apoiam o seu crescimento, desenvolvimento e sistema imunitário, bem como garante melhor desenvolvimento de estruturas orofaciais, como mandíbula e maxila e treino respiratório. A amamentação promove ainda um forte vínculo entre mãe e bebê, promovendo sentimentos de proximidade, segurança e apego.

O fonoaudiólogo desempenha um papel importante na promoção e apoio à amamentação, uma vez que avalia e intervém para habilitar as funções motora oral e a biomecânica da amamentação, identificando quaisquer alterações que possam afetar sua capacidade de mamar de forma eficaz, como pega inadequada.

Frequentemente são observadas dificuldades relacionadas ao aleitamento, ou até mesmo a impossibilidade de alimentação via oral, uma vez que a população na unidade neonatal comumente apresenta inabilidades motoras e/ou em função de alguma questão e demora a iniciar o processo de treinamento alimentar, sendo ele em seio materno ou não.

Na prática clínica, são acolhidos familiares com sintomas de ansiedade, medo, tristeza e angústia frente aos percalços da prematuridade e/ou impossibilidade de aleitamento. Diante das angústias dos pais, as situações são discutidas com outros profissionais para encontrar a melhor forma de manejar, no sentido de possibilitar o encontro da família e, principalmente, da mãe com seu bebê. Assim, a fonoaudiologia discute sistematicamente com os diversos profissionais envolvidos, sempre tentando realizar um manejo adequado, consciente e responsável das demandas apresentadas, atuando como agente facilitador, bem como acolhendo e auxiliando esses processos.

É o que ocorre, por exemplo, nos casos em que o bebê nasce com idade gestacional menor que 33 semanas. Por causa da imaturidade do sistema neurológico é expressamente contraindicado o início da alimentação via oral, pois o risco de aspiração pulmonar do alimento é elevado. Mesmo sendo iniciado o atendimento fonoaudiológico antes desse período, é importante observar se há sinais de maturidade e adequada coordenação de sucção, deglutição e respiração para o posicionamento em seio materno.

As mães, ao observarem que seus bebês já iniciaram a realização de exercícios com a equipe de fonoaudiologia, prontamente questionam e cobram sobre a estimulação em seio materno. Há relatos como medo de que a produção láctea cesse, ou que não seja autorizada em unidade hospitalar a oferta de seio materno.

Nesse contexto, acolhe-se a família, ouvem-se as dificuldades em relação à estimulação e aos medos de que a produção acabe antes que o bebê consiga mamar, uma vez que sem estimulação constante da mama, a produção reduz exponencialmente, e a mãe distante do bebê enfrenta grande dificuldade para manter a produção láctea adequada. Quando confrontadas essas situações, discutem-se as questões em reunião multidisciplinar, ou mesmo diretamente com os profissionais da psicologia e nutrição para entender melhor a situação da família e encaminhar os impasses da melhor forma possível.

São realizadas ainda orientações sobre o processo de habilitação do bebê para o aleitamento e as formas de estimulação da mama para manutenção de produção láctea, conjuntamente com a equipe de nutrição.

O aleitamento materno requer, para seu sucesso, que as mães tenham o desejo de amamentar; ela e os familiares são orientados sobre posicionamento e manejo adequado, para superar os desafios comumente apresentados nessa fase, como dor nos mamilos e fissura papilar, pega inadequada, baixa produção de leite, tempo extenso de aleitamento, alterações orais do bebê que podem afetar a eficiência da alimentação, que, por sua vez, levam à perda de peso e à desidratação. Também são orientadas quando acontecem situações como lesões e alterações mamárias relacionadas à lactação. Diante de bebês que demoram um longo período até que possam ser amamentados, será importante que o profissional não só oriente, como também realize o manejo da amamentação com os pares no início do processo (Flabiano et al., 2005; Heringer et al., 2005; Alves et al., 2007).

Assim, o fonoaudiólogo desempenha um papel vital no apoio à amamentação, avaliando e abordando os desafios alimentares, fornecendo educação e orientação e colaborando com outros profissionais da equipe para promover experiências de amamentação bem-sucedidas para mães e bebês.

Durante o aleitamento materno é necessária uma coordenação intrínseca e intrincada da musculatura oral, promovendo o desenvolvimento de músculos orofaciais fortes, essenciais para a futura produção da fala. Comumente é realizada avaliação da pega, coordenação de sucção/deglutição/respiração e avaliação dos reflexos orais para identificar quaisquer problemas subjacentes que possam impedir o sucesso da amamentação.

A amamentação não é apenas essencial para a nutrição e o vínculo, mas também desempenha um papel importante no desenvolvimento da fala e da linguagem, uma vez que expõe o bebê a uma variedade de movimentos da língua e posturas orais necessárias para a produção dos sons da fala. Ao apoiar a amamentação, o fonoaudiólogo promove indiretamente o desenvolvimento de habilidades articulatórias importantes para uma fala clara.

Além da abordagem de questões imediatas do aleitamento, os fonoaudiólogos também desempenham um papel na promoção do desenvolvimento e evolução alimentar a longo prazo dos bebês, fornecendo educação e apoio aos cuidadores sobre tópicos como técnicas de amamentação, estratégias de alimentação com mamadeira e introdução de alimentos sólidos à medida que os bebês crescem.

Atuação interdisciplinar

O acolhimento fonoaudiológico maternoinfantil é uma atuação multifacetada que abrange o apoio à amamentação e a atuação interdisciplinar. Ao abordar os desafios de alimentação e motricidade no período neonatal e ao promover parcerias colaborativas entre profissionais da equipe de saúde, pode-se otimizar os resultados e capacitar as famílias para promoverem a alimentação e o desenvolvimento global do bebê.

Na realidade do centro neonatal muitas vezes dividimos as dores e angústias dos familiares quando algo impossibilita a alimentação do bebê. Para as famílias, enfrentar a inviabilidade de amamentar pode ser uma experiência desafiante e emocionalmente carregada. Seja por motivos médicos, circunstâncias pessoais ou outros fatores, a incapacidade de amamentar pode evocar sentimentos de culpa, decepção e frustração nos pais.

A ação interdisciplinar, então, é centrada no acolhimento e apoio a essas famílias ao longo do seu percurso, garantindo que recebam a assistência emocional, educativa e prática de que necessitam para navegar eficazmente nessa transição.

Há casos em que o bebê não consegue adquirir as habilidades necessárias para alimentação oral, ou casos de síndromes, em que a alimentação pela boca não ocorre de forma segura, após o esgotamento de todas as possibilidades, como troca de bico artificial (mamadeira), ajuste na consistência da fórmula láctea (engrossamento da fórmula para maior segurança em ingesta). Nesses casos, é indicada a realização de uma via alimentar alternativa de longa permanência (conhecida como gastrostomia). As gastrostomias (GTM) são um tubo de alimentação conectado diretamente ao estômago, através da parede abdominal. É feita em procedimento cirúrgico e seu uso se torna exclusivo ou parcial (em casos em que o bebê consegue se alimentar de pequena quantidade de alimento por boca).

A decisão da realização de GTM ocorre de forma multidisciplinar. Uma vez que a criança em seguimento fonoaudiológico apresenta inabilidade alimentar, é iniciada a abordagem com a família sobre a necessidade de uma outra via de alimentação. Fonoaudiólogo, médico, psicólogo, assistente social e nutricionista trabalham juntos para garantir que a indicação ocorra de forma adequada (após o esgotamento de todas as outras possibilidades), que sua realização seja feita com segurança, que a família esteja ciente, segura e concordante com o procedimento, que no momento da alta todos os insumos necessários para o manejo em domicílio estejam disponíveis e que a família esteja ciente e segura em ofertar a dieta, em volume e de forma adequada.

Neste e em outros processos de habilitação do bebê a fonoaudiologia atua conectando pontos. Unimos os dados clínicos, avaliados pela equipe médica, às questões psicológicas e sociais, os achados motores (o que o bebê apresenta durante os atendimentos fonoaudiológicos e de fisioterapia, uma vez que o desempenho motor ocorre de forma global). Trabalha-se o desenvolvimento nutricional da criança e o manejo do aleitamento pensando em intervenções que respeitem as percepções e desejos da família, tentando sempre trilhar um caminho em conjunto. Nesse sentido, o desafio é, em cada etapa desse percurso, pensar e criar possibilidades para que a alimentação e o desenvolvimento global ocorram de forma segura, com familiares cientes de suas limitações, potencialidades e possibilidades.

Dessa forma, é importante que os profissionais da equipe validem as emoções trazidas pelos familiares, como tristeza, pesar, raiva e culpa, gerando um ambiente seguro para os pais expressarem os seus sentimentos sem julgamento. Essencial ainda é discutir as situações para que, juntos, equipes de saúde e família possam tomar decisões individualizadas e efetivas para cada caso. Nesse sentido, são realizadas com os pais algumas reuniões com a equipe de saúde, para que construam um caminho conjuntamente com cada família, respeitando suas dificuldades e particularidades.

Embora a amamentação seja muitas vezes apontada como a forma ideal de criar laços com um bebê, no âmbito do CTIN, a todo momento trabalha-se com os pais a possibilidade de ir além da amamentação, abordando a importância de estabelecer vínculo com o seu filho através de outras formas de carinho e cuidado. Incentivar o contato pele a pele, práticas de alimentação responsivas, conversar com a criança, olhá-la, ajuda a promover uma ligação profunda entre os pais e o seu bebê, independentemente da forma como são alimentados.

A ação da equipe de saúde ocorre por meio de uma abordagem corresponsiva, visando ao suporte às famílias durante o período de internação e abordando as diversas necessidades dos pais e dos bebês com compaixão, empatia e experiência. Ao fornecer cuidados abrangentes que englobam apoio emocional, orientação e assistência prática, as equipes de saúde podem fortalecer os familiares, colaborando para um manejo mais tranquilo nessa situação desafiante com confiança e resiliência.

Ao combinar conhecimentos de diferentes disciplinas, esses planos de cuidados maximizam os resultados e promovem a continuidade dos cuidados em vários ambientes, incluindo hospitais, clínicas e ambientes domésticos.

Referências

Alves, A. M. L., Silva E. H. A. A., & Oliveira A. C. (2007). Desmame precoce em prematuros participantes do Método Mãe Canguru. *Rev Soc Bras Fonoaudiol, 12*(1), 23-8.

Borges, C. A. B. (2006). Triagem Auditiva Neonatal Universal. Caderno de Debates. Otorrinolaringologia. *Revista Brasileira de Otorrinolaringologia São Paulo, 10*(1), 28-34.

Durante, A. S., Carvallo, R. M. M., Costa, M. T. Z., Ianciarullo, M. A., Voegels, R. L., Takahashi, G. M. (2004). A implementação de programa de triagem auditiva neonatal universal em um hospital universitário brasileiro. *Pediatria (São Paulo), 26*(2), 78-84.

Durante, A. S. et al. (2003). Triagem auditiva neonatal: justificável, possível e necessária. *Revista Brasileira de Otorrinolaringologia,* 69(2), 11-18. DOI: 10.1590/S0034-72992003000200002.

Dutra, M. R. P. (2010). Triagem Auditiva Neonatal. *Brazilian Journal of Otorhinolaryngology, 76*(1).

Flabiano, F. C., Limongi, S. C. O., Val, D. C., & Silva, K. C. L. (2005). Intervenção fonoaudiológica junto a mães de crianças com alterações sensório-motoras: enfoque na adequação da postura corporal durante a sucção. *Rev Soc Bras Fonoaudiol, 10*(2), 77-82.

Heringer, M. R. C., Reis, M., Pereira, L. F. S., & Di Ninno, C. Q. M. S. (2005). A influência da amamentação natural no desenvolvimento dos hábitos orais. *Rev CEFAC. 7*(3), 307-10.

Hernandez, A. M. (2003). *Conhecimentos essenciais para atender melhor o neonato*. Pulso.

Moura, L. T. L., Tolentino, G. M., Costa, T. L. S., & Aline, A. (2009). Atuação fonoaudiológica na estimulação precoce da sucção não-nutritiva em recém-nascidos pré-termo. *Revista CEFAC, 11*(suppl 3). DOI: 10.1590/S1516-18462009000700021.

Neivas, F. C. B., & Leone, C. R. (2007). Evolução do ritmo de sucção e influência da estimulação em prematuros. *Pró-Fono, 19*(3), 241-248. DOI: 10.1590/S0104-56872007000300002.

Northern J. L., & Downs M. P. (1989). *Audição em crianças*. (3ª ed.). Manole.

Onoda, R. M., Azevedo, M. F., & Amélia, A. M. N. *Triagem auditiva neonatal: ocorrência de falhas, perdas auditivas e indicadores de riscos*. SGP (Sistema de Gestão de Publicações) da BJORL em 7 de setembro de 2010. cod. 7309.

Piazza, F. B. O trabalho da fonoaudiologia hospitalar em UTI neonatal. *Monografia*. CEFAC Pós-Graduação em Saúde e Educação; 1999.

Xavier, C. Assistência à alimentação de bebês hospitalizados. (1998). *In* M. C. A. Bassetto, R. Brock, R. Wajnsztejn (Orgs.). *Neonatologia: um convite à atuação fonoaudiológica* (pp. 255-275). Lovise.

GRÁFICA PAYM
Tel. [11] 4392-3344
paym@graficapaym.com.br